René Guénon

DIE SYMBOLIK DES KREUZES

RENÉ GUÉNON

DIE SYMBOLIK DES KREUZES

AURUM VERLAG · FREIBURG IM BREISGAU

Der Titel der erstmals 1931 bei Editions Véga, Paris, erschienenen französischen Originalausgabe lautet LE SYMBOLISME DE LA CROIX.

Dem aufmerksamen Leser wird nicht entgehen, daß die deutsche Ausgabe *Die Symbolik des Kreuzes* dem Umfang nach geringer ist als die französische Originalausgabe. Dies ist darauf zurückzuführen, daß der französische Originaltext viele Wiederholungen und Rückverweise enthält, die für den heutigen Leser unnötig, ja störend und das Verständnis erschwerend sein würden. Es kommt jedoch darauf an, die Stringenz im Denken von René Guénon deutlich und damit fruchtbar werden zu lassen.

CIP-Kurztitelaufnahme der Deutschen Bibliothek:

Guénon, René:
Die Symbolik des Kreuzes / René Guénon. –
Freiburg im Breisgau : Aurum Verlag, 1987:
Einheitssacht.: Le symbolisme de la croix ⟨dt.⟩
ISBN 3-591-08192-2

1987
ISBN 3 591 08192 2

Gesamtherstellung: Benziger AG, Graphisches Unternehmen, Einsiedeln/Schweiz.
Printed in Switzerland

Esh-Sheikh Abder-Rahman Elish El-Kebir
el-alim el-amlki el-maghribi zu ehren
und als Dank für die erste Idee zu diesem Buch.

Mecr El-Qâhirah, 1329 – 1349 H.

INHALT

VORWORT

In *L'Homme et son devenir selon le Vêdânta* haben wir weitere Bücher über die metaphysischen Lehren in Aussicht gestellt. Mit dem vorliegenden Buch setzen wir diese Reihe fort.* In *L'Homme et son devenir selon le Vêdânta* haben wir den Menschen dargestellt, wie ihn die indische Lehre betrachtet, denn die indische Lehre scheint der Urüberlieferung am nächsten zu stehen. Das Kreuz treffen wir als Sinnbild sozusagen überall an. Wenn wir deshalb in diesem Buch auf die verschiedensten Lehren abheben, so liegt uns doch jeder Synkretismus fern. Dieser flickt rein äußerlich Bestandteile aus verschiedenen Traditionen zusammen, wir dagegen gehen von der metaphysischen Wahrheit aus, wie sie allen echten Traditionen zugrunde liegt. Nur um diese Wahrheit besser zugänglich zu machen, ziehen wir von überallher besonders einleuchtende Beispiele heran.

Wir haben gesagt, daß wir das Kreuz als Symbol fast überall finden. Es ist also nicht, wie manche

* Eine allgemeine Einführung in das Werk René Guénons findet sich im Anhang des Buches *Der König der Welt* von René Guénon (Anm. d. Verlags).

glauben, nur dem Christentum eigen. Dieses scheint sogar oft den symbolischen Sinn des Kreuzes vergessen zu haben und darin nur die Erinnerung an ein historisches Ereignis zu sehen. In Wirklichkeit schließen sich diese beiden Gesichtspunkte nicht aus. Allzuoft nimmt man an, daß Mythen, Sagen, Legenden »nur« symbolische Bedeutung haben und daß damit ihr wörtlicher Sinn und ihre Geschichtlichkeit widerlegt seien. Nach dem Gesetz der Entsprechung hängt jedes Ding von seinem metaphysischen Prinzip ab und bezieht aus ihm seine relative Wirklichkeit; darum ist es auch geeignet, dieses höhere Prinzip in dieser Welt zu versinnbildlichen. Zu Unrecht wird immer wieder angenommen, die Mythen stellten die Bahnen der Sterne dar. In Wirklichkeit spiegeln diese Sternenbahnen die metaphysischen Gesetze in unserer Welt wider. Obwohl sie diese sinnbildliche Bedeutung haben, existieren diese Bahnen tatsächlich; ja sie beziehen ihre relative Wirklichkeit gerade aus jenen metaphysischen Gesetzen.[1]

Wenn Christus am Kreuz gestorben ist, so gerade wegen dessen sinnbildlicher Bedeutung. In der »heiligen Geschichte« entsprechen sich Sinnbild und Geschichtlichkeit besonders klar; das ganze Leben Christi beweist es.

Nach dem Gesetz der Entsprechung hat jedes Sinnbild mehrere Bedeutungen. Es versinnbildlicht nicht nur die metaphysischen Prinzipien, sondern auch ihre Spiegelbilder in allen Zuständen, die höher sind als der, dem das Sinnbild angehört. Diese vielfachen Bedeutungen schließen einander sowenig aus, wie sie den wörtlichen Sinn ausschließen. Sie stimmen im Gegenteil miteinander überein und drücken aus, wie sich dasselbe Prinzip auf den verschiedenen Stufen des Seins auswirkt. Gerade diese Vielseitigkeit macht die Symbolik zu einer Sprache, die viel weniger eng ist als die gewöhnliche Sprache. Gewisse Wahrheiten kann uns nur die Symbolik näherbringen; sie ermöglicht ein wahrhaft unbegrenztes Begreifen. Deshalb ist die Symbolik die Sprache der Einweihung, das Werkzeug jeder traditionellen Untcrweisung.

So hat auch das Kreuz wie jedes Sinnbild mehrere Bedeutungen. Viele werden wir nur streifen; in der Hauptsache befassen wir uns mit dem metaphysischen Sinn. Auch wenn wir gelegentlich sekundäre Bedeutungszusammenhänge berühren, behalten wir doch immer den metaphysischen Sinn im Auge, getreu den Erfordernissen einer »traditionellen Wissenschaft«. In der modernen Welt ist allerdings diese »traditionelle Wissenschaft« in Vergessenheit geraten.

I

DIE STUFEN DES SEINS

Entgegen der Ansicht der modernen Philosophie ist das Individuum kein abgeschlossenes Ganzes im Sinne der »Monade« von Leibniz, sondern nur eine relative, bruchstückhafte Einheit. Auch in seiner ganzen Weite betrachtet ist das Individuum nicht das ganze Wesen, sondern nur ein besonderer Zustand desselben. Dieser Zustand ist besonderen Bedingungen unterworfen und ist nur einer unter den vielen Zuständen des Wesens. Die Form ist das besondere Merkmal des individuellen Zustandes. Selbstverständlich braucht diese Form nicht notwendigerweise räumlich zu sein; sie ist es nur in der körperlichen Welt. Der Raum ist ja eine Bedingung der körperlichen Welt.

Wir müssen hier zwischen Selbst und Ich unterscheiden, zwischen Personalität und Individualität.[2] Das Selbst ist das jenseitige und ewige Prinzip, von welchem das Wesen in der Welt, der Mensch zum Beispiel, nur eine vorübergehende und relative Abwandlung ist. Diese Abwandlung berührt das Prinzip nicht. Selbst unveränderlich, entwickelt es alle seine Möglichkeiten in einer endlosen Reihe von Stufen; diese sind für das Wesen ebensoviele

Zustände, und nur einer unter ihnen ist das Ich, die menschliche Individualität. Nur vom Standpunkt der Welt aus erscheint dies als Entwicklung, jenseits der Welt ist alles gleichzeitig in der »ewigen Gegenwart« (Allgegenwart). Deshalb wird das ewige Selbst von dieser »Entwicklung« nicht berührt. Das Selbst ist so das Prinzip, durch das alle Zustände des Wesens bestehen; nicht nur die individuellen (formhaften) und überindividuellen (formlosen) Zustände der Kundgebung, sondern auch die Möglichkeiten der Kundgebung, soweit sie sich nicht kundgeben, und schließlich die Möglichkeiten, die ihrer Natur nach keiner Kundgebung unterliegen. Das Selbst ist durch sich; seine absolute Einheit und Unteilbarkeit schließt jedes Prinzip, das außerhalb seiner läge, aus.

Den Ausdruck »existieren« kann man auf das Nichtsein nur in übertragenem Sinne anwenden. Das Wort kommt vom lateinischen »ex-stare« und drückt schon etymologisch ein Sein aus, das von einem außerhalb seiner liegenden Prinzip abhängig ist, das also mit anderen Worten nicht in sich selbst seinen zureichenden Grund hat.[3] Unter Existenz verstehen wir deshalb die gesamte Kundgebung (Welt) mit ihren unzähligen Zuständen und Stufen; jede Stufe können wir wieder als eine Welt bezeichnen. Die Bezeichnung »Existenz« eignet sich aber nicht mehr für das reine Sein; dieses ist das Prinzip der Kundgebung, selbst aber nicht kundgegeben. Noch weniger kann man natürlich von Existenz reden beim Nichtsein.

Die Existenz, wie wir sie umschrieben haben, ist ihrem innersten Wesen nach einzig. In dieser Einzigkeit[4] spiegelt sich die Einheit des Seins. Sie schließt die Vielfalt der Kundgebung nicht aus und wird von ihr nicht berührt, weil sie alle diese Möglichkeiten enthält und jede sich verwirklichen muß. So enthält die Existenz unzählige Stufen; für das einzelne Wesen entsprechen ihnen unzählige Zustände; jeder dieser Zustände verwirklicht sich in einer bestimmten Stufe der Existenz.

Es ist eine metaphysische Grundwahrheit, daß die Anzahl der Stufen des Seins endlos ist. Diese Wahrheit gilt für die Stufen der Existenz; sie gilt a fortiori, wenn wir gleichzeitig die Stufen der Existenz (der Kundgebung) und die Stufen der Nichtkundgebung betrachten. Diese Gesamtheit bildet das Wesen in seiner ganzen Ausdehnung, in seiner ganzen Weite. Die Existenz umfaßt nur die Möglichkeiten der Kundgebung und diese nur insofern, als sie sich tatsächlich kundgeben. Insofern sie sich nicht kundgeben, gehören sie in ihrem Grundsatz nicht zur Existenz, sondern zum Sein. Die Existenz ist also bei weitem nicht die ganze Möglichkeit, die Allmöglichkeit. Diese ist außer und über allen Schranken, auch über dem Sein. Dieses Sein ist die erste Bestimmung, die erste aller Begrenzungen.[5] Obwohl die Wörter Sein und Wesen im Nichtsein nicht mehr am Platz sind, müssen wir sie im übertragenen Sinne auch hier anwenden, um vom Nichtsein überhaupt sprechen zu können. So werden wir weiterhin davon sprechen, daß das Wesen in einigen Zuständen kundgegeben, in andern nicht kundgegeben ist.[6] Die Zustände der Nichtkundgebung sind natürlich überindividuell, ebenso das Selbst – sie können von ihm nicht getrennt werden. Von den Zuständen der Kundgebung sind einige individuell (formhaft), die andern überindividuell (formlos). Die gegenwärtige Individualität des Menschen ist nur einer unter unzähligen Zuständen, sei es, daß sie in seinem Wesen im Keim vorhanden sind, sei es, daß es ihm gelingt, sie voll zu verwirklichen.

II

DER ALLMENSCH

Zwischen dem Jenseits und dem Diesseits, der Nichtkundgebung und der Welt, besteht eine Analogie und diese Analogie ist umgekehrt.[7] Das Salomonsiegel besteht aus zwei entgegengesetzten Dreiecken und versinnbildlicht unter anderem die umgekehrte Analogie. Das Spiegelbild ist umgekehrt. Ebenso ist, was im Jenseits oben ist, hier unten und, was dort groß, hier, wenigstens scheinbar, klein. Die Ersten werden die Letzten sein. Der Punkt ist – um einen Vergleich aus der Geometrie zu nehmen – im Verhältnis zum Raum gleich Null, ist aber das Prinzip, das den Raum erst schafft, indem er seine eigenen Möglichkeiten entwickelt und ausdehnt. Wir werden hierauf später ausführlicher zu sprechen kommen. Ebenso ist die Eins die kleinste Zahl in der Zahlenreihe, aber die größte im Prinzip, weil sie alle Zahlen im Keim enthält und die ganze Zahlenreihe allein dadurch hervorruft, daß sie sich endlos wiederholt.

Viele Überlieferungen versinnbildlichen diese Analogie durch den Begriff des »Allmenschen«.[8] Er verkörpert die Analogie zwischen der universalen Kundgebung und der menschlichen Individualität oder, um in der Sprache des westlichen Hermetismus zu sprechen, zwischen dem Makrokosmos und dem Mikrokosmos.[9] Diesen Begriff kann man auf verschiedenen Ebenen anwenden.[10] So kann man die Symbolik des Allmenschen auf die Menschheit als solche, oder auch nur auf ihre Gesellschaftsordnung beziehen. Sie liegt unter anderem der Kastenordnung zugrunde[11]. Der Allmensch kann aber auch eine ganze Stufe des Seins umfassen.[12] Besonders wenn die Stufe individuell ist wie die menschliche, bleibt diese Sinnbildlichkeit kosmologisch. Uns geht es aber darum, den Begriff des individuellen Menschen in das Überindividuelle zu übertragen. Man wendet denn auch den Begriff »Allmensch« vor allem auf die Gesamtheit der Kundgebung an. Man kann aber auch noch weitergehen und ihn auf die Nichtkundgebung ausdehnen und damit auf die volle Verwirklichung des Wesens.

Wie der Allmensch das Prinzip der ganzen Kundgebung ist, nimmt der Mensch in seiner individuellen Welt eine zentrale Stelle ein. Die Überlieferungen lehren deshalb, daß er aus allen Elementen und Bestandteilen aller Bereiche der Natur zusammengesetzt ist.[13] In gewisser Beziehung verkörpert der Mensch alle Möglichkeiten des Zustandes, in dem er sich befindet. Dabei muß man nicht nur die körperliche Seite, sondern das Individuum in seiner ganzen, endlosen Ausdehnung in Betracht ziehen.[14] Dank seiner zentralen Rolle läßt sich der Mensch besser als jedes andere Wesen unserer Welt dem Sinnbild des »Allmenschen« zugrunde legen.

Solange das Wesen sich jedoch nicht voll in allen Stufen des Seins verwirklicht hat, ist der »Allmensch« nur im Keim und als Archetyp vorhanden.[15] Dabei ist auch diese Ausdrucksweise unvollkommen; was hier als zeitliche Abfolge erscheint, ist in der »ewigen Gegenwart« gleichzeitig. Die metaphysischen Wahrheiten lassen sich in der menschlichen Sprache nur unvollkommen ausdrücken. Auch unsere geometrische Symbolik soll nichts »beweisen«; die Unendlichkeit bedarf keines menschlichen Beweises. Wie jede Symbolik will auch die geometrische dem Menschen nur näherbringen, was ihn als Individuum in unvorstellbarem Maße übersteigt.

III

DIE METAPHYSISCHE SYMBOLIK DES KREUZES

Die meisten traditionellen Lehren versinnbildlichen den Allmenschen durch das Kreuz. Dieses Sinnbild geht unmittelbar auf die Urüberlieferung zurück. Die waagerechte Achse stellt die Verwirklichung in die Breite, die senkrechte die Verwirklichung in die Höhe dar.[16] In die Breite verwirklicht das Wesen alle Möglichkeiten des Zustandes, in dem es sich befindet, in die Höhe alle Stufen des Seins.[17] Dabei ist zu beachten, daß der menschliche Zustand das ganze menschliche Individuum umfaßt, nicht nur seine körperliche Modalität. Jeder beliebige Zustand kann Ausgangspunkt dieser Verwirklichung sein. Wir befinden uns im menschlichen Zustand, deshalb nehmen wir ihn zum Ausgangspunkt. Dies bedeutet aber nicht, daß absolut gesehen dieser menschliche Zustand irgendwie privilegiert wäre.

Die volle Verwirklichung des Wesens in die Breite und in die Höhe ist das, was die Hindu »Befreiung« *(moksha)* nennen und in der islamischen Esoterik »höchste Identität« heißt.[18] Die islamische Esoterik lehrt, daß der Allmensch als Einheit von Adam und Eva die Zahl Allahs hat.[19] Natürlich entspricht die Bezeichnung Adam-Eva zunächst dem edenhaften

Zustand, das heißt der vollen Verwirklichung des menschlichen Zustandes. Diese spiegelt aber auf ihrer Ebene die volle Verwirklichung des Wesens, also auch seine jenseitigen Möglichkeiten wider. Auf jeder Ebene, sogar im menschlichen Körper findet man das Abbild des Allmenschen. Leibniz erklärte zu Recht, daß jedes Individuum ein volles Abbild des Universums in sich trage, nur machte er aus dem Individuum ein geschlossenes Ganzes ohne Verbindung zur höheren Wirklichkeit und beraubte damit seine Theorie jeder metaphysischen Bedeutung.[20] Das Wesentliche liegt ja gerade in der Möglichkeit, mit der Verwirklichung in die Breite, der Ausdehnung in die Weite, über den individuellen Zustand hinauszugelangen und zwar im Sinne der Ausdehnung nach oben.

Wie jedes Sinnbild hat auch das Kreuz die verschiedensten Bedeutungen. Wir werden auf die metaphysische Bedeutung eingehen und geometrisch die Stufen des Seins und des einzelnen Wesens versinnbildlichen. Diese geometrische Sinnbildlichkeit ist ziemlich komplex, wenn man sie so weit treibt als irgend möglich. (Vergleiche dazu unsere Ausführungen in Kapitel XI und den folgenden.) Vorher wollen wir aber noch auf einige mehr sekundäre Bedeutungen des Kreuzes eingehen. Sie stehen mit dem Hauptgegenstand des vorliegenden Buches in Zusammenhang, gemäß dem Gesetz der Entsprechung, der Grundlage jeder Symbolik.

IV

DIE RICHTUNGEN DES RAUMES

Einzelne Schriftsteller mit esoterischen Ansprüchen wollten dem Kreuz eine ausschließlich astronomische Bedeutung zumessen: Es sei ein Sinnbild für den Verlauf der Ekliptik in bezug auf den Äquator und »ein Bild der Tages- und Nachtgleichen; wenn die Sonne in ihrem Jahreslauf nacheinander diese Punkte berührt«.[21] In Wirklichkeit sind die astronomischen Erscheinungen Symbole einer höheren Ordnung, nicht selbst aber die versinnbildlichte Ordnung. Die falsche, rein astronomische Auslegung hat zum berüchtigten »Sonnenmythus« geführt, wie ihn Dupuis und Volney am Ende des 18. Jahrhunderts erfunden und Max Müller und die Religionswissenschaft später übernommen haben. Wenn wir in astronomischen oder andern Erscheinungen das Kreuz finden, hat es genau denselben symbolischen Wert wie das Kreuz, das wir selbst zeichnen. Es spielt auch keine Rolle, ob wir es bewußt als Sinnbild oder unbewußt zeichnen; viele unverstandene Symbole haben sich als Ornamente erhalten, ohne ihren sinnbildlichen Wert einzubüßen. Das Symbol ist nicht vom Menschen erdacht; es findet sich auch in der Natur, ja die ganze Natur ist ein Sinnbild der jenseitigen Wirklichkeiten.

Abgesehen von der Verwechslung des Symbols mit der versinnbildlichten Ordnung enthalten beide der eingangs erwähnten Sätze je einen Irrtum: Ekliptik und Äquator bilden kein Kreuz, da sie sich nicht rechtwinklig schneiden. Tag- und Nachtgleiche sind durch eine einzige Gerade verbunden, so daß auch hier kein Kreuz erscheint. Richtigerweise muß man im ersten Fall von der Ebene des Äquators und der Achse ausgehen, welche die beiden Pole verbindet, und im zweiten von der Verbindungslinie zwischen den beiden Sonnenwendpunkten und derjenigen zwischen den beiden Tag- und Nachtgleichen; wir haben im ersten Fall ein horizontales und im zweiten ein vertikales Kreuz. Beide Kreuze zusammen ergeben das dreidimensionale Kreuz: Seine Arme gehen in die sechs Richtungen des Raumes.[22] Diese Richtungen entsprechen den sechs Kardinalpunkten; zusammen mit dem Zentrum ergibt sich so die Siebenzahl.

Die sieben Gegenden des Raumes entsprechen in den östlichen Lehren bestimmten zeitlichen Kreisläufen.[23] Diese Entsprechung war auch dem Westen nicht unbekannt gewesen: Klemens von Alexandrien sagt, daß von Gott als dem Herzen des Universums die endlosen Ausdehnungen ausgehen, die eine nach oben, die andere nach unten, diese nach rechts, jene nach links, die eine nach vorn, die andere nach hinten; Er vollendet die Welt, den Blick immer auf diese immer gleiche Zahl von Ausdehnungen gerichtet. *Er* ist der Anfang und das Ende, das Alpha und das Omega; in Ihm vollenden sich die sieben Phasen der Zeit und von Ihm erhalten sie ihre endlose Ausdehnung; hierin liegt das Geheimnis der Zahl 7.[24]

Auch die hebräische Kabbala kennt diese Symbolik. Der »innere Palast« liegt im Zentrum der sechs Richtungen des Raumes. Die drei Buchstaben des Namens Jehova[25] verteilen sich je auf zwei entgegengesetzte, also insgesamt auf die sechs Richtungen und zeigen damit an, daß Gott in der Welt gegenwärtig ist als Logos im Urpunkt; die endlosen Ausdehnungen der Welt sind nur eine Ausdehnung und Entwicklung dieses Punktes. Er entwickelt sich nicht nur im Raum, sondern auch in der Zeit. Er ist der »Mittelpunkt der Welt«. Raum und Zeit gelten nur in unserer Welt, lassen sich aber analog auf höhere Welten übertragen und haben dann nur sinnbildliche Bedeutung.

Klemens von Alexandrien erwähnt sechs Phasen der Zeit, die den sechs Richtungen des Raumes entsprechen. Diese Phasen sind Unterteilungen eines größeren Zyklus. Viele nehmen diesen mit sechstausend Jahren an – so im *Zohar* und *Talmud.* »Die Welt wird sechstausend Jahre lang bestehen; darauf spielen die sechs ersten Worte der Genesis an.«[26] Diese sechstausend Jahre entsprechen den sechs Tagen der Schöpfung. »Tausend Jahre sind wie ein Tag vor dem Herrn«, sagt die Bibel. Das siebte Jahrtausend ist wie der siebte Tag, der Sabbat; dieser ist die Rückkehr zum Urgrund, dem Zentrum, das als siebte Gegend des Raumes gilt. Diese symbolische Chronologie ist nicht wörtlich zu nehmen; es handelt sich hier nicht darum, die wirkliche Dauer unserer Welt auszurechnen. Stellen wir einfach fest: Es kann sich um sechs unbestimmte Phasen handeln, in einer siebten vollenden sich alle Dinge und kehren zu ihrem Ursprung zurück. Diese letzte Phase entspricht dem Tausendjährigen Reich der Apokalypse.

Nach der Kosmogonie der Kabbala entwickelt sich der Urpunkt in Linien nach allen Richtungen.[27] Er liegt im Äther *(avir)*; hier erfolgt die Konzentration; von da strahlt das Licht *(aor)* aus. Der Punkt ist das Sinnbild der Einheit. Er ist das Prinzip der ganzen Ausdehnung, wird aber nur faßbar, indem er sich selbst in diese Ausdehnung hineinversetzt. Die Ausstrahlung des Lichtes gibt dem Raum Wirklichkeit, »indem sie aus der Leere etwas macht und aus dem, das nicht war, etwas, das ist.« Diese Ausstrahlung folgt als Ausdehnung auf die Konzentration im Urpunkt. Die indische Lehre spricht in diesem Sinne oft von dem Einatmen und dem Ausatmen; dieses Ausatmen entspricht der Kundgebung, der Schaffung der Welt. Es sei auch auf die Analogie mit dem Herzschlag und dem Blutkreislauf hingewiesen. »Das Licht erstrahlt aus dem Äther *(avir)*; der verborgene Punkt wird kundgetan als der Buchstabe *iod.*« Dieser Buchstabe stellt das Prinzip dar, und von ihm sind die anderen Buchstaben des hebräischen Alphabets geformt. Diese Formung versinnbildlicht die Schaffung der Welt.[28] Wie auch überliefert wird, bildet der Urpunkt drei Punkte; sie entsprechen Anfang, Mitte und Ende[29] und bilden zusammen den Buchstaben *iod.* Dieser ist so die Eins als Prinzip der Kundgebung oder, theologisch gesprochen, Gott, der sich durch sein Wort zum Zentrum der Welt macht. Nach der Entstehung des *iods* blieb vom Äther *(avir)* das Licht *(aor)*; und wirklich: Wenn man von *avir* das *iod* wegnimmt, bleibt *aor.*[30]

P. Vulliaud, dessen *Kabbale juive* wir unsere Zitate entnommen haben, führt dazu den Kommentar von Moses de León an. Wir nehmen diese Stelle leicht gekürzt hier auf, da sie mit dem Gegenstand des vorliegenden Buches enger zusammenhängt, als man vielleicht vermutet: »Der Heilige, gesegnet sei Er, ist unerkennbar und kann nur durch seine Eigenschaften, durch welche er die Welt erschaffen hat, erkannt werden.[31] Dieser Grad ist die Summe aller ›späteren‹, das heißt außerhalb seiner liegenden Spiegelbilder.[32] Diese Spiegelbilder entstehen durch den Punkt; dieser ist selbst ein verborgener Grad und geht aus dem Äther hervor.[33] Der höchste nichtkundgegebene Grad kann nicht erfaßt werden.[34] Der Urpunkt ist verborgen[35], aber erfaßbar im Mysterium des ›Inneren Palastes‹. Die erste der zehn Sephiroth *(Kether*, die höchste Krone) entspricht dem unfaßbaren Äther *(avir)*. Er ist die Ursache aller Ursachen und der Ursprung aller Ursprünge. Hier entsteht der Punkt, aus dem alles hervorgeht. Darum heißt es im *Sepher Jetsirah*: Was kannst du zählen vor der Eins? Das heißt: Was kannst zu zählen oder begreifen vor diesem Punkt?[36] Vor dem Punkt gibt es nur den unfaßbaren Äther, *ain*. Wegen seiner Unbegreiflichkeit ist er durch eine Negation ausgedrückt.[37] Der faßbare Beginn des Daseins ist der Urpunkt.[38] Weil der Punkt der Anfang aller Dinge ist, wird er Gedanke *(mahasheba)* genannt.[39] Der schöpferische Gedanke entspricht dem Urpunkt. Im Allerheiligsten kann das Mysterium des Urpunkts begriffen werden.[40] Alles ohne Ausnahme wurde zuerst in Gedanken geplant.[41] Wenn jemand sagt: ›Seht, es gibt etwas Neues in der Welt‹, auferlegt ihm Schweigen, denn das wurde schon vorher in Gedanken geplant.[42] Aus dem verborgenen Punkt entsteht durch die Linien, die in den sechs Richtungen des Raumes von diesem Punkt ausgehen, der Heilige Innere Palast. Das ist das Allerheiligste, das fünfzigste Jahr (Anspielung auf das Jubeljahr als Rückkehr zum Urzustand)[43], das man auch als das vom Gedanken ausgehende Wort[44] bezeichnet. Alle Wesen und alle Ursachen gehen durch die Kraft des Punktes aus der Höhe hervor. Soviel zum Geheimnis der drei höchsten Sephiroth.«

Gerade diese Symbolik der Richtungen des Raumes liegt unseren weiteren Ausführungen zugrunde. Wir werden sie sowohl auf den »Makrokosmos« wie auch auf den »Mikrokosmos« anwenden. Das Kreuz mit drei Dimensionen ist ein Koordinatensystem für den ganzen Raum. Hierbei versinnbildlicht der Raum alle Möglichkeiten eines einzelnen Wesens, beziehungsweise der ganzen Welt. Von den drei Achsen dieses Koordinatensystems ist eine senkrecht und zwei sind waagerecht. Man kann diese Achsen als drei Durchmesser einer endlosen Kugel betrachten. Unabhängig von jeder astronomischen Überlegung kann man annehmen, daß sie nach den sechs Kardinalpunkten gerichtet sind. Nach dem zitierten Text von Klemens von Alexandrien entsprechen oben und unten dem Zenith und dem Nadir, rechts und links dem Süden und Norden, vorne und hinten dem Osten und Westen. Hierin stimmen die meisten Traditionen überein. Man kann die senkrechte Achse auch als Polarachse bezeichnen, also als die feste Linie, welche die beiden Pole verbindet; um sie drehen sich alle Dinge. Diese vertikale Achse ist die Hauptachse; die beiden horizontalen Achsen sind sekundär und relativ. Die Nord-Süd-Achse können wir auch Sonnenwend- und die Ost-West-Achse die Achse der Tag- und Nachtgleichen nennen, weil ein bestimmter Zusammenhang zwischen den Kardinalpunkten und den Phasen des Jahreslaufes besteht. Es würde zu weit führen, hier auf diesen Zusammenhang im einzelnen einzugehen; er ist auch für den Gegenstand des vorliegenden Buches belanglos. Es sei nur noch auf eine Stelle bei Paulus, den dritten Brief an die Epheser, Vers 18 verwiesen: Hier spricht er von der Breite, Länge Höhe und Tiefe der Liebe Christi. Es ist dabei nur von vier statt von sechs Ausdehnungen die Rede. Die beiden ersten, Breite und Länge, entsprechen den beiden horizontalen Achsen, die beiden letzten, Höhe und Tiefe, der oberen und unteren Hälfte der vertikalen Achse. Der Grund dieser Unterscheidung: Die beiden Hälften der vertikalen Achse beziehen sich auf zwei verschiedene *guna*, die beiden horizontalen Achsen dagegen auf ein und dasselbe *guna*. Wir werden im folgenden Kapitel von diesen *guna* sprechen.

V

HINDULEHRE VON DEN DREI *GUNA*

Von der Lehre der drei *guna*[45] wollen wir nur das festhalten, was sich auf den Gegenstand des vorliegenden Buches bezieht. Die drei *guna* sind Eigenschaften, die den Wesen auf den verschiedenen Stufen des Seins ureigen und für sie bestimmend sind.[46] Es handelt sich nicht um Zustände, sondern um allgemeine Bedingungen, die für alle Wesen gelten und sie gewissermaßen binden.[47] Alle Wesen haben entsprechend ihrer Verteilung auf die drei Welten *(tribhuvana)*, das heißt alle Stufen des Daseins, an den *guna* teil.

Die drei *guna* sind: erstens *sattwa*, die Übereinstimmung mit dem reinen Wesen des Seins *(sat)*. Dieses Wesen des Seins ist das Licht der Erkenntnis *(inâna)*, wie es versinnbildlicht wird durch das Leuchten der himmlischen Sphären, der höheren Zustände des Wesens. Zweitens *rajas*, der Impuls, der die Ausdehnung des Wesens in einem bestimmten Zustand hervorruft, mit anderen Worten, das Wesen treibt, seine Möglichkeiten auf einer bestimmten Stufe des Seins zu entwickeln. Drittens *tamas*, die Finsternis, als Bild der Unwissenheit *(avidyâ)*; es ist die dunkle Wurzel des Wesens in seinen unteren

Zuständen. Diese Bedeutung der *guna* gilt für alle Zustände; vom menschlichen Zustand *(mânava-loka)* aus gesehen bezieht sich *sattwa* auf die oberen und *tamas* auf die unteren Zustände. *Rajas* ist nicht aufsteigend und nicht absteigend, sondern eine horizontale Tendenz. Der Zusammenhang mit der Symbolik des Kreuzes ist offensichtlich, ob man diese Symbolik vom metaphysischen oder kosmischen Standpunkt aus betrachtet, und ob man ihn auf den »Makrokosmos« oder den »Mikrokosmos« anwendet. In allen Fällen entspricht *rajas* der ganzen horizontalen Linie oder, wenn man vom Kreuz mit drei Dimensionen ausgeht, den beiden Linien, welche die horizontale Ebene bestimmen. *Tamas* entspricht der unteren und *sattwa* der oberen Hälfte der vertikalen Linie.

An einer Stelle schildert der *Veda*, wie sich die *guna* von unten nach oben auseinander entwickeln: »Alles war *tamas* (am Anfang, als alles aus *Prakriti* hervorging). Er (der Höchste Brahma) befahl eine Veränderung, und *tamas* nahm die Natur *(varna)*[48] von *rajas* (zwischen Licht und Finsternis) an; *rajas* erhält einen neuen Befehl und kleidet sich in die Natur von *sattwa*.« Wir haben bereits erwähnt, daß man das dreidimensionale Kreuz so auffassen kann, als sei es vom Mittelpunkt einer Kugel mit endlosem Radius aus gezeichnet. Geht man von dieser Vorstellung aus, so beschreibt die Umwandlung von *tamas* in *rajas* die untere Hälfte dieser Kugel von einem Pol bis zur Ebene des Äquators und der Übergang von *rajas* in *sattwa* die obere Hälfte der Kugel vom Äquator zum anderen Pol. In der horizontalen Ebene des Äquators dehnt sich *rajas* aus, während von dieser Ebene aus *tamas* nach unten zum einen Pol und *sattwa* nach oben zum anderen Pol streben.[49] Der Mittelpunkt der Kugel ist der Punkt, von dem aus die Umwandlung von *tamas* in *rajas* und von *rajas* in *sattwa* befohlen wird. Wir verweisen auf das vorhergehende Kapitel.[50] Wir werden später wieder auf diese Symbolik zurückkommen. Sie läßt sich auf die Gesamtheit der Stufen des Seins wie auch auf die Gesamtheit der Zustände des einzelnen Wesens anwenden. Beide entsprechen sich vollständig. Denn jeder Zustand eines Wesens entwickelt sich in seiner endlosen Ausdehnung auf einer Stufe des Seins. Die Lehre von den *guna* läßt sich auch kosmologisch anwenden, so beispielsweise auf die Elemente. Die Theorie der Elemente gehört nicht zu unserem heutigen Gegenstand und findet besser Platz in einer Abhandlung über die Bedingungen der körperlichen Welt.[51]

VI

DIE VEREINIGUNG ZWEIER SICH ERGÄNZENDER MÖGLICHKEITEN

Wir kommen hier kurz auf die Symbolik des Kreuzes zu sprechen, die wohl am bekanntesten ist. Dabei genügt es, das zweidimensionale Kreuz zugrunde zu legen. Man kann die Senkrechte als das aktive und die Horizontale als das passive Prinzip betrachten. Bezieht man diese Prinzipien auf die menschliche Welt, kann man sie als männlich und weiblich bezeichnen; auf die ganze Manifestation bezogen, entsprechen sie *Purusha* und *Prakriti* der indischen Lehre.[52]

Die Ausdrücke aktiv und passiv und die ihnen entsprechenden Bezeichnungen haben nur einen Sinn im Verhältnis zueinander. Die Ergänzung drückt ja ein Verhältnis zweier Möglichkeiten zueinander aus. Eine solche Ergänzung wie die von aktiv und passiv können wir auf den verschiedenen Stufen des Seins betrachten. Dieselbe Möglichkeit kann die aktive oder die passive Rolle spielen, je nach der Möglichkeit, zu der sie in Beziehung tritt. In jedem Fall kann man sagen, daß der aktive Teil auf seiner Ebene *Purusha* und der passive *Prakriti* entspricht. Die senkrechte Achse verbindet alle Stufen des Seins, indem sie durch ihre Mitte geht. Diese Achse ist, wie sich die fernöstliche Lehre ausdrückt, der Ort, wo sich die »Tätigkeit des Himmels« offenbart. Diese »Tätigkeit des Himmels« ist das »nichthandelnde« Tätigsein *Purushas*; sie ruft in *Prakriti* alle Schöpfungen, alle Möglichkeiten der Kundgebung hervor. Die waagerechte Ebene ist eine »Fläche der Spiegelung« oder der »Widerstrahlung«, sinnbildlich als »Oberfläche der Wasser« dargestellt. Diese Fläche kann jede Stufe des Seins darstellen und entspricht dann auf dieser Stufe *Prakriti.*

Wie wir im dritten Kaptiel dieses Buches geschildert haben, wird der Allmensch durch die Gesamtheit Adam-Eva dargestellt, die dem Paar *Purusha-Prakriti* entspricht. Unter diesem Gesichtspunkt betrachtet, stellt die Vereinigung der sich ergänzenden Möglichkeiten den ursprünglichen »Androgyn« dar. Von ihm sprechen alle Traditionen. Wenn das Wesen sich voll verwirklicht hat, sind alle sich ergänzenden Möglichkeiten in vollem Gleichgewicht; keine Möglichkeit überwiegt. Im allgemeinen gibt man dem Androgyn Kugelform.[53] Die Kugel ist die ausgeglichenste Form von allen und dehnt sich gleichmäßig nach allen Richtungen aus. Die Pythagoreer betrachteten sie als vollkommenste Form und als Abbild des universalen Alls.[54] Um das metaphysische All zu versinnbildlichen, muß die Kugel endlos sein wie die Achsen des Kreuzes. Mit anderen Worten: Die Kugel entsteht aus der Ausstrahlung des Zentrums und schließt sich nie; sie füllt den ganzen Raum mit den Wellen, die vom Zentrum ausgehen und in das Zentrum zurückkehren. Jede dieser konzentrischen Wellen wiederholt die Ausdehnung und die Zusammenziehung der ersten

Schwingung.[55] Diese Phasen sind ihrerseits wieder Ausdruck der Vereinigung zweier sich ergänzender Möglichkeiten.[56]

Wir rufen in Erinnerung, daß die Aufeinanderfolge nur eine Bedingung gewisser Stufen des Seins ist; betrachten wir die beiden Phasen jenseits jeder Aufeinanderfolge, so halten sie sich gegenseitig im Gleichgewicht. Ihre Vereinigung ist gleich der grundsätzlichen Unwandelbarkeit, so wie die Summe der relativen Gleichgewichtsbrüche immer das totale Gleichgewicht ergibt.

Wie wir gesagt haben, kann man die Ausdrücke aktiv und passiv, da sie nur ein Verhältnis ausdrükken, auf verschiedenen Ebenen anwenden. Betrachten wir das Kreuz mit drei Dimensionen, so ist die senkrechte Achse aktiv im Verhältnis zur waagerechten Ebene. Wir können aber das Verhältnis aktiv-passiv auch auf die beiden horizontalen Achsen anwenden. Wenn wir diese beiden Achsen als die Sonnenwend- und die Tagundnachtgleiche-Achse betrachten, wie wir das oben entsprechend der Symbolik des Jahresablaufes getan haben, so können wir sagen, daß die Sonnenwend-Achse im Verhältnis zur Tagundnachtgleiche-Achse senkrecht ist. Sie spielen dann auf der waagerechten Ebene analog die Rolle der Polarachse (Achse Nord-Süd) und der Tagundnachtgleiche-Achse (Achse Ost-West). Wir werden im zehnten Kapitel über den *Swastika* hierauf zurückkommen. Das horizontale Kreuz drückt daher auf seiner Ebene ein analoges Verhältnis aus wie das vertikale. Damit kommen wir zurück auf die metaphysische Bedeutung des Kreuzes, die uns in erster Linie am Herzen liegt. Die Verwirklichung des menschlichen Zustandes, im horizontalen Kreuz versinnbildlicht, entspricht auf ihrer Ebene dem Bild der Verwirklichung des ganzen Wesens in all seinen Möglichkeiten, wie es das senkrechte Kreuz veranschaulicht.[57]

VII

DIE AUFLÖSUNG DER GEGENSÄTZE

Dieselben Dinge können manchmal, je nach dem Standort, als sich ergänzende Möglichkeiten oder als Gegensatz erscheinen. Dabei entspricht immer der Gegensatz dem niederen und die Ergänzung dem höheren Gesichtspunkt. Von diesem höheren Gesichtspunkt aus versöhnt und löst sich, was vom tieferen als Gegensatz erschien. Die grundlegende universale Einheit schließt aus, daß es unversöhnliche Gegensätze gibt.[58] Der Gegensatz besteht in der Kundgebung und hat auch auf einer bestimmten Stufe des Seins seine relative Wirklichkeit. Er löst sich aber harmonisch auf, sobald man eine höhere Stufe erreicht. Das Gegenteil behaupten hieße das Ungleichgewicht in das Jenseits hineintragen wollen. Wir haben aber bereits geschildert, wie sich in der Nichtkundgebung alle Gleichgewichtsstörungen, aus welchen die Kundgebung hervorgegangen ist, die Waage halten und sich zu einem völligen Gleichgewicht vereinen. Man kann hier nicht einmal von sich ergänzenden Möglichkeiten sprechen, weil sie in der höchsten Nichtzweiheit unauflöslich verschmelzen.

Das Kreuz kann helfen, den Unterschied zwischen den sich ergänzenden Möglichkeiten und den gegensätzlichen Möglichkeiten zu begreifen. Die Senkrechte und die Waagerechte können wir als sich ergänzende Möglichkeiten, offensichtlich aber nicht als Gegensätze auffassen. Die verschiedenen Richtungen der halben Achsen, die vom Zentrum ausgehen, sind dagegen ein klares Bild der Gegensätze. Es ergeben sich so beim zweidimensionalen vertikalen Kreuz zwei Paare von Gegensätzen; sie bilden zusammen eine Vierheit. Dasselbe gilt für das horizontale Kreuz. Hier können wir ja, wie wir am Ende des letzten Kapitels ausgeführt haben, eine der Achsen als vertikal im Verhältnis zur andern ansehen. Vereinigen wir diese beiden Darstellungen zum Kreuz mit drei Dimensionen, ergeben sich drei Paare von Gegensätzen, wie wir bei der Besprechung der Richtungen des Raumes und der Kardinalpunkte gesehen haben. Eine der bekanntesten Vierheiten von Gegensätzen ist die Vierheit der Elemente Luft, Feuer, Wasser, Erde und der entsprechenden Sinne Tastsinn, Sehen, Geschmack, Geruch. Diese Vierheit gehört dem horizontalen Kreuz an, denn sie fällt ganz in eine waagerechte Stufe des Seins und betrifft zudem nur einen kleinen Teil derselben, die körperliche Welt. Gleich verhält er sich, wenn wir nur vier Kardinalpunkte betrachten; diese Punkte sind dann die vier Kardinalpunkte der irdischen Welt, wie sie die horizontale Ebene versinnbildlicht. Demgegenüber stehen Zenith und Nadir auf der vertikalen Achse einander gegenüber und versinnbildlichen die Richtung nach oben und nach unten, von der Erde aus gesehen. Wie wir gesagt haben, gilt das gleiche für den doppelten Gegensatz der Sonnenwenden- und Tagundnachtgleichen. Die vertikale Achse bleibt unbeweglich, während sich alles um sie dreht; sie ist daher natürlich auch unabhängig vom Jahreslauf. Die vertikale Achse ist so ein Bild der jenseitigen Unveränderlichkeit und des »unbewegten Bewegers« des Aristoteles. Wenn wir nur das horizontale Kreuz betrachten, tritt die vertikale Achse im zentralen Punkt in Erscheinung. Hier schneidet sie die horizontale Ebene, die Stufe des Seins, und dieser Punkt ist das Zentrum des Koordinatensystems für alle Punkte dieser Stufe. Dieser Punkt ist daher auf dieser Ebene das Bild der Unvergänglichkeit, der Unveränderlichkeit. Auf die Theorie der Elemente angewandt, entspricht dieser Punkt dem fünften Element, dem Äther.[59] Er ist in Wirklichkeit das erste der Elemente; aus ihm gehen die andern durch eine fortlaufende Differenzierung hervor. Der Äther vereinigt in sich in vollkommenem Gleichgewicht die gegensätzlichen Eigenschaften der andern Elemente und ist so in dieser Welt ein Bild des höchsten Jenseits.[60]

So versöhnen sich im Mittelpunkt des Kreuzes alle Gegensätze. Diese hatten nur vor unserem beschränkten und äußerlichen Standpunkt aus bestanden. In der islamischen Esoterik heißt dieser Punkt »göttlicher Standort«; er eint die Gegensätze und Widersprüche *(El-maqâmul-ilahî, huwa maqâm ijtimâ ed-diddaîn)*.[61] Die fernöstliche Lehre spricht von der »unveränderlichen Mitte« *(Chung-yung)* als dem Ort des vollkommenen Gleichgewichts und stellt diese Mitte durch den Mittelpunkt des kosmischen Rades dar.[62] Sie ist auch der Punkt, in dem sich die »Tätigkeit des Himmels« unmittelbar reflektiert.[63] Sie lenkt alles durch ihre »nichthandelnde Tätigkeit« *(wei wu-wei)*. Obwohl oder besser weil nicht kundgegeben, ist sie in Wirklichkeit die Fülle der Tätigkeit, denn von ihr als Prinzip leiten sich alle einzelnen Tätigkeiten ab. »Der Grundsatz ist immer nichthandelnd und doch ist alles durch ihn gemacht«, heißt es bei Lao-tzu in *Tao-te-ching* XXXVII.

Nach der taoistischen Doktrin bleibt der vollkommene Weise immer in unlösbarer Verbindung mit dem Prinzip; er hat teil an dessen Unveränderlichkeit und ahmt seine »nichthandelnde Tätigkeit« nach. Lao-tzu sagt ferner in *Tao-te-ching* XVI: »Wer in der höchsten Leere angekommen ist, verharrt fest in der Ruhe. Zurückkehren zu seiner Wurzel heißt in den Zustand der Ruhe eintreten.«[64] Die »Leere« ist die Loslösung von allen Dingen der Welt; durch sie entgeht das Wesen den Tücken des »Stromes der Formen«, dem Wechsel von Leben und Tod, der Zusammenziehung und der Ausdehnung.[65] Der Weise wechselt von der Peripherie des »kosmischen Rades« in das Zentrum hinein; dieses ist »das Leere«, das Nichtkundgegebene; es einigt die Speichen und macht daraus ein Rad.[66] Lie-tzu (I) sagt: »Der Friede im Leeren ist ein unbeschreiblicher Zustand. Man nimmt ihn nicht und gibt ihn nicht; man gelangt dazu, sich darin niederzulassen.« Das ist der große Friede der islamischen Esoterik *es-sakînah* (hebräisch *shekinah)* und die Pax profunda der Rosenkreuzer. Dieser Friede ist die »göttliche Gegenwart« in der Mitte des Menschen; alle Überlieferungen sehen sinnbildlich das Herz als diese Mitte an.[67] Die Vereinigung mit dem Prinzip kann nur in der Mitte erfolgen. »Dem, der in der Nichtkundgebung wohnt, geben sich alle Wesen kund. Vereint mit dem Prinzip, ist er durch dieses mit allen Wesen im Einklang. Vereint mit dem Prinzip, weiß er alles in grundsätzlicher Weise und benützt infolgedessen seine Sinne nicht mehr, um Einzelheiten zu erkennen. Der wahre Grund der Dinge ist unsichtbar, unfaßbar, undefinierbar, unbestimmbar. Allein der Geist, der die vollendete Einfachheit gefunden hat, kann ihn in tiefster Versenkung erfassen.[68]

Der vollkommene Weise bewegt in unsichtbarer Weise und durch seine bloße Gegenwart das kosmische Rad von dessen Mitte aus, ohne an der Bewegung teilzunehmen oder sich um irgendeine Handlung zu kümmern. »Das Ideal ist der Gleichmut des Allmenschen, der das kosmische Rad drehen läßt.«[69] Diese vollständige Loslösung macht ihn zum Meister über alle Dinge, weil er alle Gegensätze, die der Vielheit innewohnen, hinter sich gelassen hat und deshalb durch nichts mehr berührt werden kann: »Er hat den vollkommenen Gleichmut erreicht; Leben und Tod sind ihm gleichgültig; der Einsturz der ganzen Welt würde ihn nicht erregen. Durch Forschen ist er zur unveränderlichen Wahrheit, zur Erkenntnis des höchsten und einzigen Prinzips gelangt. Er läßt alle Wesen sich nach ihrer Bestimmung entwickeln und hält sich selbst im unbeweglichen Mittelpunkt aller Bestimmungen.[70] Unerschütterlichkeit ist das äußere Anzeichen dieses Zustandes, aber nicht die Unerschütterlichkeit des Tapferen, der sich aus Ruhmsucht allein auf eine Schlachtenreihe stürzt, sondern die Unerschütterlichkeit eines Geistes, der über Himmel, Erde und alle Wesen erhaben, in einem Körper wohnt, an dem ihm nichts liegt, der nichts von den Bildern hält, die ihm seine Sinne liefern und alles synthetisch in seiner unbeweglichen Einheit erkennt. Dieser Geist ist in seiner völligen Unabhängigkeit Meister über die Menschen; wenn er sie in Massen zusammenrufen wollte, kämen sie alle am festgesetzten Tage herangeeilt; aber er will sich nicht bedienen lassen.«[71]

Im Zentrum sind alle Unterscheidungen überwunden und alle Gegensätze in einem vollkommenen Gleichgewicht aufgelöst. »Im Urzustand existieren diese Gegensätze nicht. Alle sind dadurch entstanden, daß sich die Wesen vervielfältigt haben – die Vervielfältigung ist der Welt eigen und relativ wie sie – und dadurch, daß die Wesen infolge der Drehung des kosmischen Rades miteinander in Berührung gekommen sind. Würde diese Drehung aufhören, würden auch die Gegensätze aufhören. Sie hören ohne weiteres auf, das Wesen zu berühren, wenn es sein einzelnes Ich und seine besondere Bewegung auf beinahe Nichts vermindert hat. Dieses Wesen hat mit keinem andern Wesen Streit, weil es sein Selbst, seine Personalität, gefunden und seine Individualität ausgelöscht hat. Es ist angekommen und bleibt im Ursprung der Verwandlungen, dem neutralen Punkt, wo es keine Gegensätze gibt. Es hat seine Natur zusammengerafft, seinen Lebensgeist genährt und alle seine Kräfte gesammelt und sich so mit dem Ursprung aller Schöpfungen vereinigt. Seine Natur hat sich in der Ureinheit voll verwirklicht, sein Lebensgeist ist ungebrochen; so kann kein anderes Wesen es angreifen.«[72]

Der zentrale Urpunkt ist der »heilige Palast« der Kabbala. Er befindet sich an keinem Ort, denn er ist unabhängig vom Raum. Dieser ist ja nur das Ergebnis der Ausdehnung und Entwicklung dieses Punktes; aus ihm geht der ganze Raum hervor. »Machen wir uns im Geiste von dieser Welt der Dimensionen und Ortsbestimmungen unabhängig, stellt sich die Frage nicht, wo sich das Prinzip befindet.« Doch wenn der Raum einmal entstanden ist, macht sich der Urpunkt zum Zentrum dieses Raumes und in übertragenem Sinn der ganzen Welt. Von ihm gehen, wie oben besprochen, die sechs Richtungen des Raumes aus und stellen alle Gegensätze dar, indem sie je zu zweien entgegengesetzt sind. Zum Urpunkt kehren auch alle diese Linien zurück in den zwei Grundphasen der Welt: Ausdehnung und Zusammenziehung. Die zweite Phase, die Zusammenziehung, ist die Rückkehr zum Ursprung; sie zeigt den Weg des Weisen zur Vereinigung mit dem Prinzip: Die »Zusammenraffung seiner Natur« und die »Sammlung« aller Kräfte spricht dies deutlich aus. Die »Einfachheit« im zitierten Text entspricht der Einheit »ohne Dimensionen« des Urpunktes. »Der völlig einfache Mensch beugt durch seine Einfachheit alle Wesen, so daß sich ihm in den sechs Gegenden des Raumes nichts widersetzt. Nichts ist ihm feindlich; Feuer und Wasser verletzen ihn nicht.«[73] Er hält sich im Zentrum; von diesem strahlen die sechs Richtungen aus; zu ihm kehren sie zurück und je zwei neutralisieren sich gegenseitig, so daß der dreifache Gegensatz erlischt und nichts an diesem Punkte der unbeweglichen Einheit das Wesen erreichen kann. Da sich dieses Wesen nicht widersetzt, kann sich auch nichts ihm widersetzen. Der Gegensatz ist eine gegenseitige Beziehung und setzt zwei Gegenpole voraus; er ist mit der grundsätzlichen Einheit unvereinbar. Die Feindschaft ist nur eine Folge des Gegensatzes und kann nicht bestehen gegenüber einem Wesen, das über jedem Gegensatz steht. Feuer und Wasser – in der Welt der Elemente der typische Gegensatz – können ihn nicht verletzen; sie bestehen für ihn nicht als Gegensätze, sondern als Ergänzungen, die sich gegenseitig im Gleichgewicht halten und neutralisieren. Ihre scheinbar gegensätzlichen Eigenschaften vereinigen sich in der Ausgeglichenheit des Uräthers.

Alles ist einig für den, der sich im Zentrum hält, denn er sieht alles in der Einheit des Prinzips. Verschwunden sind die einzelnen getrennten Standpunkte, die sich nur auf relative Unterscheidungen gründen und aus denen alle individuellen Meinungsverschiedenheiten entspringen. Sie sind für ihn aufgelöst in der Synthese der jenseitigen Erkenntnis. »Sein Standpunkt ist ein Punkt, wo dieses und jenes, ja und nein noch nicht als verschieden erscheinen. Dieser Punkt ist der Drehpunkt der Norm, das unbewegliche Zentrum eines Umkreises, auf dessen Umriß alle Zufälligkeiten, alle Unterscheidungen und alle Individualitäten abrollen; wo man nichts sieht als das Unendliche, das weder dieses noch jenes, weder ja noch nein ist. Wahre Weisheit heißt alles in der ursprünglichen, ungeteilten Einheit oder aus einem solchen Abstand sehen, daß alles in eins zusammenfließt« (Chuang-tzu, II). Den »Drehpunkt der Norm« nennen die meisten Überlieferungen Pol[74]; um ihn vollenden sich alle Umdrehungen der Welt nach dem Gesetz, das die ganze Kundgebung beherrscht und nichts anderes ist als die Ausstrahlung des Zentrums. Dieses Gesetz ist Ausdruck des »Willens des Himmels« in der Weltordnung.[75]

VIII

KRIEG UND FRIEDEN

Wir haben vom Frieden gesprochen, wie er im Mittelpunkt herrscht; das führt uns zum Symbolismus von Krieg und Frieden. Dieser Symbolismus findet sich, wie wir wissen, in der *Bhagavad-Gîtâ:* Die Schlacht, von der sie spricht, stellt die Handlung im allgemeinen dar.[76] Das Schlachtfeld ist der Bereich der Handlung; hier entwickelt das Individuum seine Möglichkeiten.Geometrisch erscheint dieser Bereich als die horizontale Ebene. In unserem Fall ist sie der menschliche Zustand; sie könnte aber auch jeden anderen Zustand versinnbildlichen. Der gleiche Begriff von Krieg und Handlung findet sich auch im Islam: Der äußere Krieg ist nur der kleine »heilige Krieg« *(el-jihâdul-açghar)*; der große heilige Krieg *(el-jihâdul-akbar)* ist rein innerer und geistiger Art.[77]

Unter welchem Gesichtspunkt und in welchem Bereich auch immer man den Krieg betrachtet, erscheint als sein wesentlicher Zweck, eine Unordnung zu beenden und die Ordnung wieder herzustellen. In diesem Sinne ist der Zweck des Krieges, eine Vielfältigkeit zur Einheit zurückzuführen; er tut dies mit Mitteln, die der Welt der Vielfältigkeit angehören. Allein unter diesem Gesichtspunkt ist der Krieg rechtmäßig. Die Unordnung liegt im Wesen der Welt als solcher; außerhalb ihres jenseitigen Prinzips ist sie eine Folge von Gleichgewichtsbrüchen. Der Krieg im höheren Sinne stellt dar, wie die Vielheit der Welt in die Einheit des Ursprungs zurückgeführt wird. Vom Standpunkt der Welt aus erscheint diese Rückführung als Zerstörung; der Symbolismus *Shivas* zeigt dies deutlich.

In einem gewissen Sinn ist auch der Krieg eine Unordnung. Das kann nicht anders sein, gehört er doch auch der Welt der Vielfältigkeit an. Der »gerechte Krieg« ist aber eine Unordnung, die bestimmt ist, die Ordnung wieder herzustellen. Wie wir gesehen haben, lehrt der Ferne Osten, daß die Summe aller Gleichgewichtsbrüche die höchste Ordnung ausmacht. Die Ordnung erscheint erst, wenn man sich über die Vielheit erhebt und, statt jedes Ding einzeln zu betrachten, alles in der Einheit sieht. Das ist der Standpunkt der Wirklichkeit, denn außerhalb der Einheit hat die Vielheit nur eine illusorische Existenz. Doch besteht diese Illusion für jedes Wesen, das nicht wirklich (und nicht bloß theoretisch) zum Punkt der »Einzigkeit des Daseins« *(wahdatul-wujûd)* in allen Stufen des Seins gelangt ist.

So ist der Zweck des Krieges, den Frieden herzustellen, denn der Friede ist Ordnung, Gleichgewicht und Harmonie; diese Ausdrücke bedeuten den Widerschein der Einheit in der Vielheit. Wird die Vielheit in die Einheit zurückgeführt, bedeutet das nicht ihre Zerstörung, sondern die Einheit erscheint in der Vielheit und gibt ihr dadurch ihre volle Wirklichkeit. So vereinigen sich die beiden sich ergänzenden Standpunkte der »Einheit in der Vielheit« und der

»Vielheit in der Einheit« *(el-wahdatu fîl-kuthrati wal-kuthratu fîl-wahdati).* Sie vereinigen sich im Zentrum der Welt, dem bereits erwähnten »göttlichen Ort« oder »göttlichen Standort« *(el-maqâmul-ilahî).* Für den, der diesen Punkt erreicht hat, gibt es keine Gegensätze und keine Unordnung. Hier herrscht Ordnung, Gleichgewicht, Harmonie und Friede; außerhalb dieses Ortes und für den, der ihn noch nicht erreicht hat, herrscht Krieg, da die Gegensätze noch nicht überwunden sind.

Der »legitime Krieg«, das heißt Krieg, um die, welche die Ordnung stören, wieder zur Ordnung zurückzuführen, ist ein Akt der Gerechtigkeit und des Gleichgewichtes, wie auch immer der äußere Anschein sein mag.[78] Doch ist dieser Krieg nur der »kleine heilige Krieg« und nur ein Bild des »großen heiligen Krieges«. Wir können hier an das erinnern, was wir im Vorwort zum vorliegenden Buch über den symbolischen Sinn der geschichtlichen Ereignisse gesagt haben.

Der »große heilige Krieg« ist der Krieg des Menschen gegen die Feinde, die er in sich selbst trägt, das heißt, gegen alle Elemente in seinem Innern, die sich der Ordnung und der Einheit widersetzen. Es geht nicht darum, diese Elemente zu zerstören, sondern darum, sie in die Einheit zurückzuführen. Der Mensch muß ständig suchen, in sich die Einheit zu verwirklichen, Einheit des Denkens, Einheit des Handelns und, was vielleicht am schwierigsten ist, Einheit zwischen Denken und Handeln. Bei der Handlung kommt es auf die Absicht *(niyyah)* an; denn die Folgen der Handlung hängen nicht nur vom Willen des Handelnden, sondern auch von den äußeren Umständen ab. Die Einheit der Absicht und das unablässige Streben nach der unveränderlichen und unbeweglichen Mitte finden ihren Ausdruck in der Gebetsrichtung *(qiblah)*. Die irdischen geistigen Zentren sind wie Bilder des wirklichen und einzigen Zentrums der ganzen Kundgebung. Dieses Zentrum hat seinen Widerschein im Mittelpunkt jeder einzelnen Stufe des Seins und in allen Wesen. Bei den Wesen wird dieses Zentrum bildlich Herz genannt, weil es tatsächlich in der körperlichen Welt dem Herz entspricht.

Wer die Einheit in sich voll verwirklicht hat, kennt keinen Gegensatz und keinen Krieg, sondern über allen besonderen Standpunkten allein die höchste Ordnung. Nichts mehr kann ihm schaden, denn er hat weder innen noch außen Feinde. Herrscht innen Einheit, herrscht sie gleichzeitig auch außen. Oder besser gesagt: Es gibt kein Innen und Außen mehr; auch diesen Gegensatz hat sein Blick ausgelöscht. Dieser Blick ist das dritte Auge Shivas; er hat ihn mit dem Urzustand erlangt. Im Mittelpunkt aller Dinge ist »er«, nach einer islamischen Wendung, »sich selbst sein eigenes Gesetz«. Die Hindu sagen: »Er folgt seinem eigenen Willen« *(swêchchhâchârî)*. Denn sein Wille ist eins mit dem Willen des Himmels. Hier im Zentrum der Welt genießt er den großen Frieden und die göttliche Gegenwart. Vereint mit der Ureinheit sieht er in allen Dingen die Einheit und alle Dinge in der Einheit – alles in der Gleichzeitigkeit der »ewigen Gegenwart«.

IX

DER BAUM DER MITTE

Zur Beschreibung der Weltachse wird verschiedentlich auch das Bild eines Baumes, des »Weltenbaumes«[79], des »Baumes der Mitte«[80] herangezogen.

So gibt es von Mohyddin ibn Arabi eine Abhandlung mit dem Titel *Der Baum der Welt (shajaratul-kawn).* Die Senkrechte des Kreuzes stellt die Weltachse dar und ist der Stamm dieses Baumes. Die Waagerechte oder beim Kreuz in drei Dimensionen die beiden Waagerechten bilden die Zweige. Der Baum steht im Mittelpunkt einer Welt, in unserem Fall der Welt des Menschen. Das irdische Paradies ist dieser Mittelpunkt.[81] Nach der Bibel steht denn auch der »Baum des Lebens« in der Mitte des irdischen Paradieses. Daneben kennt die Bibel den »Baum des Wissens von Gut und Böse«. Auch er steht offenbar in der Mitte des Gartens, wie sich aus einem Vergleich der einschlägigen Stellen der Genesis ergibt (2,9; 3,3; 3,22 und 2,17).

Während der Baum des Lebens als Achse der Welt die Einheit verkörpert, tritt uns im Baum des Wissens von Gut und Böse offensichtlich die Zweiheit entgegen, und zwar nicht als zwei sich ergänzende Möglichkeiten, sondern im Gegenteil als unversöhnlicher Gegensatz. Dieser Gegensatz begründet gerade die Zweiheit; sobald er überwunden ist, gibt es kein Gut und Böse mehr. Finden wir in einem sinnbildlichen Baum eine Zweiheit, deutet er den Baum des Wissens an, auch wenn er in anderer Hinsicht der Baum des Lebens ist. Den sephirotischen Baum nennt die Kabbala »Baum des Lebens«, obwohl die rechte und die linke »Säule« das Bild der Zweiheit bieten. Aber zwischen beiden ist die »Säule der Mitte«; hier halten sich die beiden entgegengesetzten Tendenzen im Gleichgewicht, so daß wir hier die Einheit des Baumes des Lebens finden.[82] Adam erfaßt die zwiespältige Natur des Baumes des Wissens erst nach dem Fall; erst dann wird er »wissend das Gute und das Böse«.[83] Damit hat er sich vom Zentrum, dem Baum des Lebens, entfernt. Die Cherubim, als Verkörperung der vier elementaren Mächte, verteidigen mit Flammenschwertern den Zugang zu diesem Baum. Für den gefallenen Menschen ist das Zentrum unzugänglich geworden; er hat den Sinn der Ewigkeit, der auch der Sinn der Einheit ist, verloren. Den Urzustand herstellen und den Weg zum Zentrum zurückfinden heißt, den Baum des Lebens und damit den Sinn für die Ewigkeit wiedererlangen.

Die christliche Symbolik setzt das Kreuz Christi dem Lebensbaume (lignum vitae) gleich. Nach einer mittelalterlichen Legende war es aber aus dem Holz des Baumes des Wissens gezimmert. Dieser Baum, zuerst Grund des Falles, ist nun zum Mittel der Erlösung geworden. Durch die Erlösung wird nach dem Fall der Urzustand wiederhergestellt.[84] In dieser neuen Rolle geht der Baum des Wissens im Baum des Lebens auf; es herrscht wieder Einheit.[85]

Wir können in diesem Zusammenhang auch an die eherne Schlange, die Moses anfertigte, erinnern (4. Mose 21). Sie ist ebenfalls ein Bild der Erlösung. Die Stange, an welcher er sie aufrichtete, entspricht dem Kreuz und damit dem Baum des Lebens. Im allgemeinen bringt man die Schlange in Verbindung mit dem Baum des Wissens und gibt ihr eine unheilvolle Rolle. Die Schlange hat aber wie viele Symbole zwei entgegengesetzte Bedeutungen.[86] Man darf nicht die Schlange, welche das Leben und Christus bedeutet, mit der Schlange verwechseln, die den Tod und Satan versinnbildlicht; die beiden Bedeutungen verbinden sich im Bild der Schlange mit zwei Köpfen. Die beiden Aspekte entsprechen gewissermaßen dem Verhältnis des Baums des Lebens zum Baum des Wissens. Die meisten Traditionen kennen das Symbol der um einen Baum oder Stab gerollten Schlange. Später werden wir sehen, was dieses Symbol für die geometrische Darstellung der Stufen des Seins bedeutet.

Am Beispiel des sephirotischen Baumes haben wir gezeigt, wie der Baum eine dreigliedrige Form annehmen und so die Züge des Baumes des Lebens und des Baumes des Wissens miteinander vereinigen kann. Es finden sich auch Darstellungen von drei Bäumen mit gemeinsamer Wurzel. Der mittlere entspricht dem Baum des Lebens und die beiden äußeren dem Baum des Wissens. Analog dazu steht das Kreuz Christi zwischen den Kreuzen des guten und des schlechten Räubers. Diese befinden sich, wie am Jüngsten Tag die Auserwählten und Verdammten, zur Rechten und Linken Christi. Sie stellen das Gute und Böse dar und ebenso die Barmherzigkeit und die Strenge wie die beiden Seiten des sephirotischen Baumes. Das Kreuz Christi steht als Baum des Lebens in der Mitte und auf vielen Abbildungen zwischen Sonne und Mond. Es ist die Achse der Welt, wie beispielsweise auch in der Devise der Kartäuser zum Ausdruck kommt: Stat crux dum volvitur orbis. (Es steht das Kreuz, solang das Weltenrad sich dreht.) Die Bilder des Kreuzes über dem Pol des Erdballes haben die gleiche Bedeutung.

China kennt den Baum mit Ästen, die sich an ihren Enden je zu zweien miteinander verbinden; auch dieses Sinnbild zeigt, wie sich die Gegensätze und die Zweiheit in der Einheit auflösen. So vollzieht sich die Kundgebung: Alles geht von der Einheit aus und kehrt zu ihr zurück. Dazwischen liegt in Zweiheit und Vielheit die Phase des Daseins.[87] Andere Bilder stellen zwei Bäume durch einen Ast verbunden dar; ein kleiner Zweig entsprießt dem gemeinsamen Ast. Er ist die Kundgebung, wie sie aus der Vereinigung von Himmel und Erde, von Purusha und Prakriti oder aus dem Zusammenwirken von Yang und Yin hervorgeht. Alle Wesen gehen vom männlichen und weiblichen Prinzip aus und haben an ihnen teil. Diese Prinzipien bilden, wenn sie sich vereinigen, den Androgyn. (Vergleiche dazu das vorangegangene Kapitel VI.)

Vom Fuße des Baumes des Lebens in der Mitte des irdischen Paradieses aus fließen vier Flüsse gegen die vier Kardinalpunkte. Sie bilden so das horizontale Kreuz auf der waagerechten Ebene der irdischen Welt. In diesen Flüssen kann man die vier

Elemente und in ihrer gemeinsamen Quelle den Äther sehen. Sie teilen den Umkreis des irdischen Paradieses in vier Teile; diese kann man auf die vier Phasen einer zyklischen Entwicklung beziehen.[88]

Den Baum des Lebens finden wir im himmlischen Paradies wieder. Dieses ist nicht wie das irdische rund, sondern quadratisch, da der Zyklus an seinem Ende das Gleichgewicht erreicht hat. Wir werden später erklären, wie Anfang und Ende des Kreislaufes sich entsprechen. Nach der Apokalypse trägt der Baum im himmlischen Paradies zwölf Früchte; sie sind mit den indischen *Adityas* zu vergleichen. Die *Adityas* haben die Form von zwölf Sonnen und erscheinen gleichzeitig am Ende des Zyklus. Sie vereinigen sich in ihrer gemeinsamen Natur *aditi*, denn sie sind Kundgebungen ein und derselben unteilbaren Wirklichkeit. *Aditi* entspricht dem einheitlichen Wesen des Baums des Lebens, *diti* dem zweiheitlichen des Baums des Wissens. Es heißt, daß die *Dêvas* aus *aditi*, »Unteilbarkeit«, und die *Daityas* oder *Asuras* aus *diti*, »Teilung«, hervorgegangen seien. In einem bestimmten Sinn bedeutet *aditi* auch wie das arabische *el-fitrah* – die ursprüngliche Natur. Viele Überlieferungen verbinden die Sonne mit dem Baum, wie wenn sie die Frucht des Baums des Lebens wäre.[89] Sie verläßt ihren Baum am Anfang des Zyklus und kehrt an dessen Ende zu ihm zurück. Im Zusammenhang mit dieser Symbolik werden Bezeichnungen der Polarkonstellation auf den Tierkreis übertragen und umgekehrt.[90] Man nennt die Sonne auch »Sohn des Pols«; deshalb ist die »polare« Symbolik älter als die »Sonnen«-Symbolik. Das Ideogramm der chinesischen Schrift für Sonnenuntergang stellt die Sonne dar, wie sie sich am Ende des Tages auf ihrem Baume ausruht. Das Ende des Tages entspricht natürlich dem Ende des Zyklus. Das Ideogramm für Finsternis stellt die auf den Fuß des Baumes gefallene Sonne dar. In Indien findet man als Sinnbild der *trimurti* einen dreifachen Baum drei Sonnen tragend und einen Baum mit zwölf Sonnen; wie bereits gesagt, stellen diese die zwölf *Adityas* dar. Auch in China findet sich – im Zusammenhang mit dem Tierkreis oder den zwölf Monaten – der Baum mit zwölf Sonnen. Manchmal trägt der Baum zehn Sonnen; hier drückt die Zahl zehn wie bei Pythagoras die zyklische Vollendung aus. Ähnlich treten im Laufe eines indischen Manvantaras zehn *avatâras* auf. Ganz allgemein entsprechen die verschiedenen Sonnen den Phasen des Zyklus. Bei den zentralamerikanischen Völkern regieren vier verschiedene Sonnen die vier Zeitalter eines Zyklus; ihre Bezeichnungen entsprechen den vier Elementen. Überall treten die Sonnen am Anfang des Zyklus aus der Einheit hervor und kehren am Ende wieder in sie zurück; dieses Ende ist gleichzeitig der Anfang eines neuen Zyklus, denn alle Stufen des Seins gehen ohne Unterbrechung ineinander über.

X

DER SWASTIKA

Eine der häufigsten Formen des horizontalen Kreuzes auf der Ebene, die eine Stufe des Seins darstellt, ist der Swastika. Man trifft ihn bei den verschiedensten Völkern; er geht offenbar auf die Urüberlieferung zurück. Entgegen einer häufigen Meinung ist er nicht ein ausschließlich orientalisches Sinnbild. Er ist vielmehr vom fernsten Osten bis zum fernsten Westen verbreitet. Heute hat er sich allerdings hauptsächlich in Indien und in Zentralasien erhalten; aber trotzdem ist er sogar in Europa nicht ganz verschwunden.[91] Im Alterum finden wir ihn bei den Kelten und im vorhellenischen Griechenland; im Christentum war er bis ins Mittelalter ein mit Christus verbundenes Symbol. Es gibt verschiedene Formen des Swastika, so eine mit gebogenen Speichen wie zwei gekreuzte S und eine mit gekreuzten Schlüsseln.[92] Viele heute rein dekorative Ornamente leiten sich vom Swastika ab.

Der Swastika ist im wesentlichen ein Symbol des Pols.[93] Die Figur des in einen Kreis gezeichneten Kreuzes und des Swastika gleichen sich einerseits; andererseits unterscheiden sie sich dadurch, daß der Swastika den Umkreis durch die Linien am Ende der Balken des Kreuzes, rechtwinklig zu diesen, nur andeutet. Diese Linien sind Tangenten zum Umkreis und zeigen die Richtung der Bewegung an. Der Umkreis ist die kundgegebene Welt; der Umstand, daß der Swastika den Umkreis nicht darstellt, sondern nur die Bewegung, zeigt, daß er nicht ein Sinnbild der Welt ist, sondern zum Ausdruck bringt, wie das höchste Prinzip auf die Welt einwirkt.

Der Swastika liegt auf der Äquatorialebene, wenn man ihn auf die Drehung der Hemisphäre um ihre Achse bezieht. Das Zentrum ist dann der Schnittpunkt dieser Achse mit der Äquatorialebene. Die Richtung der Drehung ist von sekundärer Bedeutung und berührt den wesentlichen Sinn der Swastika nicht. Man findet die Drehung von rechts nach links und die von links nach rechts.[94] Es mag vorgekommen sein, daß Gruppen, die sich von der hergebrachten Lehre abspalteten, dem Swastika eine neue Deutung gaben, um ihre Abspaltung nach außen zum Ausdruck zu bringen. Derartige Änderungen berühren jedoch den eigentlichen Symbolgehalt nicht. Manchmal findet man beide Formen – Drehung nach links und nach rechts – in einer Figur vereinigt. Diese Figur stellt dann dieselbe Drehung, vom einen und vom anderen Pol aus gesehen, dar. Wir kämen mit dieser Auslegung zum Symbolismus der beiden Hemisphären und der doppelten Spirale; auf ihn näher einzugehen würde uns zu weit führen. Auf das fernöstliche Yin-Yang, das mit diesem Symbolismus verwandt ist, kommen wir später noch zu sprechen.

XI

GEOMETRISCHE DARSTELLUNG DER STUFEN DER EXISTENZ

In den vorangehenden Kapiteln haben wir das Kreuz und seine metaphysische Bedeutung betrachtet. Diese Betrachtungsweise gilt es nun zu vertiefen, indem die geometrische Symbolik so weit als möglich entwickelt wird. Mit Hilfe dieser Symbole wollen wir sowohl die Stufen der universellen Existenz als auch die Zustände eines Wesens darstellen, und dies nicht nur vom makrokosmischen, sondern auch vom mikrokosmischen Standpunkte aus.

Dieser geometrische Symbolismus soll das Verständnis der metaphysischen Wahrheiten nicht erschweren, sondern erleichtern. Wie wir immer wieder betont haben, darf die Theorie nie Selbstzweck werden, sie muß immer im Dienste der Erkenntnis und der Verwirklichung stehen. Die Wege der Menschen sind verschieden. Die nachfolgenden Ausführungen sind für die bestimmt, denen sie helfen, der metaphysischen Wahrheit näherzukommen. Anderen mögen sie fremdartig oder zu mathematisch erscheinen; die sollen sich dadurch nicht entmutigen lassen. Wir rufen in Erinnerung, was wir im siebten Kapitel über die Einfachheit gesagt haben.

Betrachtet man ein Wesen, zum Beispiel den Menschen, in seinem individuellen Zustande, so darf man vor allen Dingen nicht vergessen, daß der körperliche Zustand nur ein bescheidener Teil, eine Modalität dieses Wesens in seinem individuellen Zustande ist. Der individuelle Mensch ist in seiner Ganzheit auf unbeschränkte Entfaltung angelegt, die sich in einer unbestimmten Vielheit von Modalitäten kundgibt. Das Ganze aber, die ganze Individualität, ist nur ein besonderer Zustand des Wesens, der vollständig zu einer und nur einer Stufe der universellen Existenz gehört.

Die körperliche Modalität des individuellen Zustandes des Menschen gehört zur grobstofflichen Kundgebung, welche den Sinnen des Menschen erkennbar ist. Die anderen Modalitäten des individuellen Zustandes des Menschen sind dem Bereiche der feinstofflichen oder subtilen Kundgebung eigen.[95]

Jede Modalität ist durch eine Vielzahl von Bedingungen bestimmt, welche die Möglichkeiten der Modalitäten gegeneinander abgrenzen. Jede dieser Bedingungen, für sich betrachtet, kann über den Bereich der Modalität, die ihr unterliegt, hinausgreifen und mit anderen Bedingungen zusammen in Gebieten anderer Modalitäten wirksam sein. Was im allgemeinen eine Modalität eigentlich festlegt, das ist nicht eine Bedingung, sondern ein Zusammenwirken mehrerer Bedingungen. All das könnte am Beispiel der Bedingungen, welche die Modalität der körperlichen Existenz festlegen, dargestellt werden, doch erforderte das eine besondere Studie.

Jeder Bereich, der eine Modalität eines bestimmten Individuums enthält, kann, wenn er im allgemeinen und nur in bezug auf die in ihm wirksamen Bedingungen betrachtet wird, Modalitäten ähnlicher Art umfassen, die einer unbestimmten Vielheit von Individuen zukommen. Jedes dieser Individuen ist die Kundgebung eines Zustandes eines der Wesen des Universums. Die erwähnten Zustände und Modalitäten kommen in diesen Wesen entsprechend zum Ausdruck. Fassen wir alle Bereiche, in denen Modalitäten ein und desselben Individuums kundgegeben sind, zu einer Gesamtheit, zu einem Ganzen zusammen, bildet diese Gesamtheit eine Stufe der universellen Existenz. Der Bereiche sind viele, unbestimmt viele, und jeder Bereich ist unbestimmt in seiner Fülle und Weite. Eine Stufe der universellen Existenz, wie wir sie betrachtet haben, enthält unbestimmt viele Individuen. Unserer Darstellung einer Stufe der Existenz haben wir einen individuellen Zustand, wie ihn der menschliche Zustand darbietet, zugrunde gelegt. Diese Betrachtungsweise ist jedoch auch für jeden anderen Zustand, individuell oder nicht individuell, zulässig. Die Bedingung, die wir als individuell (formhaft) umschreiben, wirkt einschränkend, setzt aber der Fülle der Möglichkeiten keine Grenzen.[96]

Nun können wir eine Stufe der Existenz, wie wir sie betrachtet haben, durch eine Ebene darstellen. Eine Ebene ist ein zweidimensionales Gebilde. Diese Dimensionen entsprechen einerseits den unbestimmt vielen Individuen und andererseits ihren Modalitäten. Nun betrachten wir eine Ebene und eine zu dieser Ebene senkrecht verlaufende Ebene.

Die erste Ebene sei eine horizontale Ebene, die zweite eine vertikale Ebene. Die beiden Ebenen schneiden sich in einer Geraden, wir nennen sie die Schnittgerade. Alle Geraden der horizontalen Ebene, welche parallel zur Schnittgeraden sind, bilden eine Schar, wir nennen sie die erste Schar. Es sei die Schnittgerade Sinnbild eines Individuums und die erste Schar Sinnbild aller Individuen, die einer Stufe der Existenz angehören. Alle Geraden der horizontalen Ebene, die zur Schnittgeraden senkrecht stehen, sind zueinander parallel und bilden eine zweite Schar von Geraden. Die Gesamtheit aller Modalitäten der vorhin betrachteten Individuen werden durch diese zweite Schar dargestellt. Jeder Punkt der horizontalen Ebene ist der Schnittpunkt einer Geraden der ersten mit einer Geraden der zweiten Schar und ist die besondere Modalität eines Individuums, das zu dieser Stufe der Existenz gehört. Nun ist jede zur horizontalen Ebene parallellaufende Ebene eine Stufe der Existenz. All diese Ebenen erfüllen den ganzen dreidimensionalen Raum. Der »Schnittpunkt« einer solchen Ebene mit der vertikalen Ebene ist eine Gerade, die Sinnbild eines Individuums ist. Diese Ausführungen gelten auch, wenn wir statt Individuum Zustand eines Wesens sagen, mag dieser Zustand ein individueller oder ein nicht individueller sein. Eine vertikale Ebene stellt ein Wesen in seiner Ganzheit dar. Diese Ganzheit umfaßt unbestimmt viele Zustände, die durch die zur Schnittgeraden parallellaufenden Geraden dargestellt werden. Alle Geraden der vertikalen Ebene, die zur Schnittgeraden senkrecht stehen, stellen die Modalitäten dar, die diesen Zuständen entsprechend angehören. Im Raume, in dieser dreidimensionalen Mannigfaltigkeit, gibt es unzählig viele Ebenen, die zur horizontalen Ebene senkrecht stehen. Diese Ebenen stellen die unzählig vielen Wesen dar, die im ganzen Universum vorkommen.

XII

GEOMETRISCHE DARSTELLUNG DER STUFEN DES SEINS

In unserer räumlichen Symbolik ist jede Modalität eines Zustandes eines Wesens nur durch einen Punkt dargestellt worden. Jede Modalität kann sich jedoch im Verlaufe eines Zyklus des Daseins eines Wesens in unbestimmt vielen Modifikationen kundgeben. Betrachten wir zum Beispiel den körperlichen Zustand eines Wesens, werden die Abwandlungen dieser Modalität die Augenblicke der Existenz dieses Wesens in der zeitlichen Aufeinanderfolge sein. Oder, was dasselbe bedeutet, alle Taten, alle Gebärden werden Modifikationen dieser Modalität des Individuums sein.[97] Wollen wir alle Modifikationen einer Modalität sinnbildlich darstellen, genügt dafür ein einziger Punkt nicht mehr. Vielmehr muß die Modalität durch eine Gerade dargestellt werden, deren Punkte dann die Modifikationen dieser Modalität sind. Man muß jedoch bedenken, daß jede Gerade, obwohl ihre »Endpunkte« in unbestimmter Ferne liegen, begrenzt ist.[98]

Das einfach Endlose ist die Gerade, das in zweifacher Hinsicht Endlose ist die Ebene, und das in dreifacher Hinsicht Endlose ist der Raum, der dreidimensionale Raum. Nun ist eine Modalität eine

Mannigfaltigkeit von beliebig vielen Modifikationen und wird als Gerade dargestellt. Ein Zustand eines Wesens, der beliebig viele Modalitäten umfaßt, wird in seiner Ganzheit durch eine horizontale Ebene veranschaulicht. Ein Wesen wird in seiner Totalität durch die dreidimensionale Mannigfaltigkeit aller zur horizontalen Ebene parallellaufenden Ebenen gekennzeichnet. Diese Darstellung ist im Vergleich zur früher gegebenen Darstellung vollständiger, sie vermag aber nur ein einziges Wesen zu erfassen und nicht mehr wie vorher die Gesamtheit aller Wesen des Universums. Wollten wir dies trotzdem in ähnlicher Weise tun, müßten wir unserem Raume eine vierte Dimension hinzufügen.

Betrachten wir nun drei Ebenen, von denen jede zu den beiden anderen senkrecht steht. Diese drei Ebenen haben einen Schnittpunkt gemeinsam.[99] Je zwei dieser Ebenen schneiden sich längs einer Geraden. Wir erhalten so drei Geraden, von denen je zwei einen rechten Winkel einschließen; jede der drei Geraden steht zu den beiden anderen Geraden senkrecht. Diese drei Geraden bilden ein dreidimensionales Kreuz, sie können auch als die drei Achsen eines rechtwinkligen räumlichen Koordinatensystems aufgefaßt werden. Jeder Punkt des Raumes kann das Zentrum eines solchen Kreuzes, kann der Ursprung eines derartigen Koordinatensystems sein. Auf ein System dieser Art kann der ganze Raum und damit die Ganzheit eines Wesens bezogen werden.

Es sei nun eine horizontale Ebene unsere Bezugsebene. Legen wir in diese Ebene ein rechtwinkliges Koordinatensystem und errichten im Schnittpunkt der beiden Achsen, dem Zentrum der Ebene und des

Systems, eine zur horizontalen Ebene senkrechtstehende Gerade, eine vertikale Achse, ist das dreidimensionale Kreuz festgelegt. Diese Vertikale bildet mit jeder Achse des horizontalen Systems ein zweidimensionales Kreuz und gleichzeitig eine Koordinationsebene. Die Vertikale trifft jede zur horizontalen Ebene, zur Bezugsebene parallellaufende Ebene in einem Punkt, der wieder Ursprung eines ebenen Kreuzes ist, dessen Achsen parallel zu den Achsen des rechtwinkligen Koordinatensystems in unserer Bezugsebene sein mögen. Der Punkt, in dem die Vertikale auf eine parallel zur Bezugsebene liegenden Ebene trifft und sie durchstößt, ist Zentrum, ist Mittelpunkt dieser Ebene. Die Vertikale ist der Ort aller Mittelpunkte all der möglichen Ebenen, die zu unserer Bezugsebene parallel sind. Jede zur Vertikalen parallellaufende Gerade durchstößt die zur Bezugsebene parallelliegenden Ebenen in Punkten, die einander entsprechen.

Will man das Ausgedehnte in seiner ganzen Weite ausschöpfen, will man ein Wesen in seiner Totalität verstehen und erkennen, muß man wissen, wie man das dreidimensionale Kreuz, das zu einem Wesen gehört, zu errichten hat. Wie das zu vollziehen ist, soll das nächste Kapitel zeigen.

XIII

ZUSAMMENHANG ZWISCHEN DEN STUFEN DER EXISTENZ UND DEN STUFEN DES SEINS

Im zwölften Kapitel haben wir zwar nur ein Wesen erfaßt, dieses jedoch in seiner Totalität. In der horizontalen Bezugsebene und in allen dazu parallellaufenden Ebenen entfalten sich alle Modalitäten aller Zustände eines Wesens. Diese Darstellung erweckt im Leser die Idee einer Aufeinanderfolge im logischen Sinne. Die zu den erwähnten Ebenen senkrechtstehenden Ebenen hingegen erwecken im Leser die Idee der Gleichzeitigkeit im logischen Sinne. Projiziert man nun in Normalprojektion alles auf die drei Koordinatenebenen, ist das Bild jeder Modalität eines Zustandes eines Wesens ein Punkt auf einer zu einer der Ordinaten der horizontalen Bezugsebene parallellaufenden Geraden. Diese Parallele wird zur Projektion aller Modalitäten eines Zustandes eines Wesens. Fällt das Zentrum eines Zustandes eines Wesens mit der eigentlichen Mitte des Wesens, mit dem Zentrum des Wesens, in seiner Totalität zusammen, machen die Projektionen aller Modalitäten dieses Zustandes die eine Achse jenes Kreuzes aus, das in der horizontalen Bezugsebene liegt. Damit sind wir bei unserer ersten Darstellung, in der das Wesen durch eine vertikale Ebene versinnbildlicht wird, angelangt. Eine zur horizontalen Bezugsebene parallellaufende Ebene wird dann wieder zum Bild für eine Stufe der universellen Existenz. So ist es ohne weiteres möglich, von einer Darstellung zur anderen überzugehen, eine vierte Dimension ist nicht einzuführen.

Jede zur horizontalen Bezugsebene parallellaufende Ebene entspricht, als Stufe der universellen Existenz aufgefaßt, der Entfaltung einer bestimmten Möglichkeit. Die vollständige Kundgebung dieser Möglichkeit stellt als Ganzes genommen einen Makrokosmos, eine ganze Welt, dar. Die andere Darstellung hingegen bezieht sich auf ein Wesen und umfaßt deshalb nur die Entfaltung dieser Möglichkeit in einem einzigen Wesen. Die Kundgebung dieser Möglichkeit ist ein Zustand dieses Wesens. Dieser Zustand kann ein Zustand der totalen Individualität sein oder auch ein nicht individueller Zustand. Dieses Wesen kann man in jedem Falle einen Mikrokosmos nennen. Man vergesse jedoch nicht, daß der Makrokosmos, für sich allein betrachtet, nur ein Element des Universums ist, so wie jede bestimmte Möglichkeit ein Element der Allmöglichkeit ist. Das Entsprechende gilt auch für den Mikrokosmos. Der Einfachheit halber nennen wir die Darstellung, die sich auf das Universum bezieht, die makrokosmische Darstellung. Entsprechend nennen wir die Darstellung, die sich auf nur ein Wesen bezieht, die mikrokosmische Darstellung.

Wir haben gesehen, wie in der mikrokosmischen Darstellung das dreidimensionale Kreuz zu errichten ist. Entsprechend kann auch in der makrokosmischen Darstellung dieses Kreuz bestimmt werden.

Wählt man eine Ebene als horizontale Bezugsebene, so können wir diese Ebene als Äquatorebene bezeichnen. In dieser Ebene wählen wir zwei zueinander senkrechtstehende Geraden, die horizontalen Arme des ebenen Kreuzes, und errichten im Schnittpunkt dieser Geraden, dem Zentrum der Äquatorebene, eine zu diesen beiden Geraden senkrechtstehende Gerade, die Vertikale zur Äquatorebene. Auf dieser Vertikalen hat jeder Makrokosmos seine Mitte. Dies entspricht der Darstellung für jeden Mikrokosmos. Auf diese Weise erkennt man die zwischen dem Makrokosmos und dem Mikrokosmos bestehende Analogie. Jeder Teil des Universums ist zum ganzen Universum analog. Daher ist auch jeder Teil des Universums zu jedem anderen Teil des Universums analog. Jeder Bereich des Makrokosmos ist zum ganzen Makrokosmos analog. Ebenso ist jede Modalität des Mikrokosmos zum ganzen Mikrokosmos analog. Im besonderen sind alle Teile der körperlichen Modalität der menschlichen Individualität Sinnbilder für die menschliche Individualität schlechthin, für den ganzen individuellen Menschen.

Will man ausführlicher auf diese Sinnbildlichkeit eingehen, hat man zu bedenken, daß das menschliche Individuum eine Vielheit von gleichzeitgig existierenden Modalitäten umfaßt und jede Modalität ihr eigenes Gepräge und ihre eigene Existenz hat.

XIV

DIE SYMBOLIK DES WEBENS

Ein Sinnbild, das sich unmittelbar auf das bezieht, was wir soeben gesagt haben, ist das Weben. In den Traditionen des Orients werden die Schriften, welche die Lehre betreffen, fast immer mit Ausdrücken gekennzeichnet, welche aus der Tätigkeit des Webens stammen. Im Sanskrit bedeutet *sutra* eigentlich »Faden«. Ein Buch, das aus einigen *sutras* besteht, ist gleichsam ein aus Fäden gewirktes Gewebe. *Tantra* ist der Name für »Kette«, wird aber auch für »Faden« und für »Gewebe« verwendet. Im Chinesischen ist *ching* die Kette und *wei* der Schuß eines Gewebes. *Ching* wird auch ein Buch des Grundwissens genannt und *wei* sein Kommentar. Im Hinduismus entsprechen den Ausdrücken »Kette« und »Schuß« die Namen *shruti* und *smiriti. Shruti* ist die Frucht direkter Inspiration, *smiriti* ist Kommentar, ist Erklärung, ist Auslegung der *shruti.* Welches ist nun die eigentliche Bedeutung dieses Sinnbildes? Die Kette, also die auf dem Webstuhl fest aufgespannten Fäden, stellten das unveränderliche Prinzip dar. Die Fäden des Schusses hingegen, vom Webschiffchen in seinem Hin und Her zwischen die Fäden der Kette gelegt, stellen das Veränderliche, das Zufallende dar. Das Weben ist ein traditionelles Handwerk, es ist die Anwendung eines Prinzips im Stofflichen. Ein Faden der Kette bildet mit einem Faden des Schusses ein Kreuz. Der Faden der Kette entspricht der Vertikalen, der Faden des Schusses der Horizontalen des Kreuzes. Jeder Punkt des Gewebes ist der Schnittpunkt von zwei zueinander senkrechtstehenden Fäden, er ist das Zentrum des von den beiden Fäden gebildeten Kreuzes. Aus der allgemeinen Symbolik des Kreuzes folgt, daß der vertikale Faden, der Faden der Kette, indem er alle entsprechenden Punkte verbindet, alle Zustände eines Wesens oder alle Stufen der Existenz eint. Entsprechend stellt der horizontale Faden, der Faden des Schusses, die Entfaltung eines Zustandes oder einer Stufe dar. Stellt ein Faden des Schusses den menschlichen Zustand dar, enthält ein Faden der Kette alles, das diesem menschlichen Zustande transzendent ist. Die *shruti* ist ihrem Wesen nach transzendent, sie greift über den Menschen hinaus. Die *smiriti* umfaßt die Anwendung der *shruti* auf den Menschen, sie ist das Ergebnis rein menschlicher Fähigkeiten und Überlegungen.

Die verschiedensten Symbole stehen in einem viel engeren Zusammenhang, als man das zunächst vermuten könnte, sie stimmen sehr oft überein. Das Kreuz ist eines der wichtigsten Symbole für die Vereinigung der Komplemente, der Ergänzungen. Die Vertikale des Kreuzes ist das Symbol für das aktive, das männliche Prinzip *(Purusha)*, die Horizontale für das passive, das weibliche Prinzip *(Prakriti)*. Jede Kundgebung, jedes Geschaffene entsteht unter dem Einfluß des nichthandelnden *Purusha* auf *Prakriti*.

Die *shruti*, verglichen dem direkten Licht, wird durch die Sonne dargestellt. Die *smiriti*, das reflektierte Licht, wird durch den Mond versinnbildlicht. Auch ist in fast allen Traditionen die Sonne Sinnbild des männlichen, der Mond Sinnbild des weiblichen Prinzips der universellen Kundgebung. Immer wieder wird die Symbolik des Webens zur Darstellung der Welt, zur Darstellung der Welten verwendet. Diese Welten sind nichts anderes als die Zustände, die Stufen der universellen Existenz, es sind ihrer unendlich viele, ihre Anzahl ist beliebig groß. »Der höchste Brahma ist das, auf dem die Welten gewoben sind, als Kette und Schuß«, heißt es in den *Upanishaden.* Und in der in Sanskrit verfaßten Schrift »Das Netz des Brahmas« steht: »Die Welten sind wie die Maschen eines Netzes angeordnet.« Nach taoistischer Lehre sind alle Geschöpfe, alle Wesen dem stetigen Wechsel der Zustände von Leben und Tod, von Yang und Yin, dem Verdichten und Zerstreuen, Binden und Lösen unterworfen. Die Kommentatoren nennen es »das Hin und Her des Webschiffchens auf dem kosmischen Webstuhl«. Cheng-hung-yang vergleicht diese Wechsel dem Atmen: Die aktive Phase, das Einatmen, entspricht dem Leben, die passive Phase, das Ausatmen, dem Tode. Das Ende der einen Phase ist der Beginn der anderen Phase.

In bestimmten Traditionen wird die Welt oft durch das Sinnbild des Buches dargestellt. Denken wir an das »Liber Mundi« der Rosenkreuzer und an das »Liber Vitae« der Apokalypse. In diesem Bilde bedeuten die Fäden der Kette die »Heilige Schrift« im höchsten Sinne des Wortes. Diese Schrift ist der

Archetypus aller traditionellen Schriften, die man als ihre Wiedergabe in menschlicher Sprache betrachten kann. Die Fäden des Schusses sind Sinnbild des Kommentars, der die Anweisungen für die Anwendung in den verschiedenen Zuständen erteilt. Ein Faden der Kette verbindet die entsprechenden Wirklichkeiten in den verschiedenen Zuständen, während ein Faden des Schusses alle Ereignisse verknüpft, die sich in einem bestimmten Zustande entfalten. Von der Sinnbildlichkeit des Buches heißt es bei Muhyiddin ibn Arabi: »Das Universum ist ein unermeßlich großes Buch. Die Schriftzeichen dieses Buches sind alle mit der gleichen Tinte geschrieben und von der Feder Gottes in die unvergängliche Tafel eingetragen worden. Geschrieben wurden sie alle gleichzeitig und als ein Unteilbares, und deshalb erhielten die im Geheimnis der Geheimnisse verborgenen Erscheinungen des Göttlichen den Namen ›transzendente Buchstaben‹. Und eben diese Buchstaben, alle Geschöpfe, bildeten und ergaben die geschaffene Welt, nachdem sie im Allwissen Gottes zu Möglichkeiten geworden und durch den Atem Gottes in tiefergelegenen Zuständen erschienen waren.«

Ein anderes Symbol für die Tätigkeit des Webens, es kommt auch im Hinduismus vor, ist das der Spinne, die ihr Netz webt. Dieses Symbol ist um so zutreffender, weil die Spinne ihr Netz aus einem Stoffe webt, der aus ihrem eigenen Körper stammt. Das Netz der Spinne ist dem Kreise ähnlich, es entspricht dem kosmogonischen Sphäroid, dieser nicht geschlossenen Kugel in der Ebene. Die von der Mitte des Spinngewebes ausgehenden Strahlen bilden die Kette, die um die Mitte herumliegenden kreisförmigen Linien sind die Fäden des Schusses. Um im üblichen Bild des Gewebes zu bleiben, denke man sich die Mitte des Netzes in endlos weite Ferne gerückt, die von der Mitte ausgehenden Strahlen werden dann zueinander parallel und ergeben die Fäden der Kette. Die um die Mitte gelegenen konzentrischen kreisförmigen Linien bleiben, wenn die Mitte in die endlos weite Ferne rückt, parallel, stehen immer noch senkrecht zu den Fäden der Kette und bilden die Fäden des Schusses.

Fügen wir noch hinzu, daß die Fäden, aus denen das Gewebe der Welt besteht, auch die »Haare von Shiva« genannt werden. Sie sind gewissermaßen die Kraftlinien der geschaffenen Welt und werden in der körperlichen Welt durch die Richtungen des Raumes dargestellt.

Fassen wir zusammen: Die Vertikale des Kreuzes, Sinnbild des Prinzips und der davon abgeleiteten Prinzipien, verknüpft alle Welten und Zustände miteinander. Die Horizontale des Kreuzes, Sinnbild jeglicher Entfaltung, umfaßt alle Ereignisse, die in diesen Welten, in diesen Zuständen stattfinden. In der Symbolik des Webens ist die Kette die Vertikale, der Schuß die Horizontale.

Jeder Faden der Kette stellt die essentielle Natur eines Wesens dar. Diese, vom Selbst in unmittelbarer Weise gewirkt, ist das Band, das alle Zustände dieses Wesens verbindet und seine Einheit in all diesen endlos vielen Zuständen gewährleistet. Jeder Faden des Schusses ist Sinnbild der Entfaltung dieses Wesens in einem seiner Zustände. Das Erscheinen eines Wesens in einem Zustande ist durch das Zusammentreffen eines Fadens der Kette mit einem

Faden des Schusses bestimmt, bildlich gesprochen. Und dieses Zusammentreffen verbürgt auch, daß sämtliche Handlungen eines Wesens in einem Zustande mit dem Kosmischen verknüpft sind. Für den individuellen Zustand eines Menschen bedeutet dies, daß der Faden der Kette Sinnbild dessen ist, das zur Persönlichkeit des Menschen gehört, während der Faden des Schusses die Bedingungen versinnbildlicht, die diesem Menschen von seinem Milieu auferlegt werden.

Es wäre noch manches zur Symbolik des Webens zu sagen, wir wollten hier jedoch nur das Wesentliche andeuten.

XV

DARSTELLUNG DES ZUSAMMENHANGS DER VERSCHIEDENEN MODALITÄTEN, DIE EIN UND DEMSELBEN SEINSZUSTAND ZUGEHÖREN

In unserer Darstellung des Mikrokosmos haben wir einem Zustande des Seins eine horizontale Ebene zugeordnet. Ein Punkt dieser Ebene sei das Zentrum der Ebene. Legen wir durch diesen Punkt eine Gerade senkrecht zur Ebene, so nennen wir sie die Achse der Ebene. Um die Bedeutung des Zentrums und der Achse der Ebene zu zeigen, gehen wir zu einer zweiten geometrischen Darstellung über. Damit wollen wir den innigen Zusammenhang aller Modalitäten in ein und derselben Seinsebene aufzeigen und überdies auch den Zusammenhang zwischen den verschiedenen Zuständen des Seins. Um das durchzuführen, müssen wir das Bezugssystem ändern, wir müssen vom rechtwinkligen Koordinatensystem zum System der Polarkoordinaten übergehen. In diesem System werden die verschiedenen Modalitäten ein und desselben Zustandes nicht mehr durch parallellaufende Geraden, sondern durch eine Schar von konzentrischen Kreisen dargestellt. Das gemeinsame Zentrum all dieser Kreise ist das Zentrum der Seinsebene, das ja mit dem Punkt, in dem die vertikale Achse die Ebene durchstößt, identisch ist. Wird eine Modalität durch eine Kreislinie dieser Schar dargestellt, so sieht man, daß jede Modalität endlich und begrenzt ist. Jeder Kreis ist eine geschlossene Kurve, Anfangs- und Endpunkt dieser Kurve dürfen wir als bekannt voraussetzen. Jede Kreislinie umfaßt eine Menge von Punkten[100], deren Mächtigkeit nicht abzählbar ist. Die Punkte einer solchen Linie stellen alle möglichen Abwandlungen ein und derselben Modalität dar. Die Kreise der Schar folgen dicht aufeinander; die Radien von zwei aufeinanderfolgenden Kreisen unterscheiden sich nur um die »Urdistanz«, also um die Distanz von zwei unmittelbar aufeinanderfolgenden Punkten. Die Kreislinien der Schar bedecken alle Punkte der Ebene, zwischen den Kreisen kann folglich keine Lücke, keine Unstetigkeit bestehen.

Nun kann es aber in der Wirklichkeit der körperlichen Existenz keine geschlossene Kurve geben, denn im Raume unseres Daseins ist alles in Bewegung. In der körperlichen Welt unterliegt alles den Bedingungen Raum und Zeit. Jede Bewegung resultiert aus dem Zusammenwirken von Raum und Zeit. Beginnen wir an irgendeiner Stelle, einem Punkte des Raumes, eine Linie zu ziehen, so können wir den Anfangspunkt dieser Linie nie mehr erreichen. Denn, um die Linie zu ziehen, brauchen wir Zeit. Der Zeitpunkt, in dem der Endpunkt der Linie erreicht wird, ist vom Zeitpunkt, in dem wir die Linie begonnen haben, verschieden. Der Anfangspunkt kann deshalb nie mit dem Endpunkt identisch sein, nie mit ihm zusammenfallen.[101] Folglich sind alle Kreise unserer Schar nicht geschlossen. Beginnen wir an einer Stelle des Kreises diesen Kreis zu durchwandern, werden wir den Anfangspunkt der Wanderung nie mehr erreichen, wir werden nach einem Umlauf an den Punkt auf dem unmittelbar benachbarten Kreise gelangen, der dem Anfangspunkt der Wanderung entspricht. Dieser Punkt, Endpunkt des Umlaufs, ist wieder Anfangspunkt eines neuen Umlaufs. Die Schar der konzentrischen Kreise ist in Wirklichkeit eine Spirale, die sich um das Zentrum der Ebene herumwindet, wobei der Abstand der benachbarten Spiralbogen die Urdistanz ist. Alle Modalitäten eines Zustandes des Seins stehen in ständiger Verbindung miteinander.

Diese Darstellung zeigt, daß eine Kurve, welche Sinnbild eines Zyklus ist, in dem die Möglichkeiten einer Stufe der Existenz sich entfalten, keinen Doppelpunkt hat, das heißt, durch keinen ihrer Punkte zweimal geht. Damit zeigt sich erneut, daß keine Möglichkeit des Universums mit einer anderen Möglichkeit desselben identisch sein kann. Dies ist auch vom logischen Standpunkte aus leicht ersichtlich. Die Grenzen, zum Beispiel Anfang und Ende eines Zustandes des Seins, fallen also nicht zusammen, sie können sich nur entsprechen. Diese beiden Grenzpunkte liegen alle auf einer vom Zentrum der Ebene ausgehenden Geraden, und für alle Modalitäten eines Zustandes liegen die Grenzpunkte auf ein und derselben Geraden. Diese Modalitäten brauchen nicht im eigentlichen Sinne aufeinander zu folgen, sie könnten auch gleichzeitig sein, sie sind vielmehr in logischer Weise miteinander verknüpft.

Für den individuellen Menschen sind Geburt und Tod Anfangs- und Endpunkt des körperlichen Zustandes. Die Geburt entläßt ihn aus dem vorangegangenen Zustande, und der Tod gewährleistet ihm den Übergang in den folgenden Zustand.

Die Kurve, welche alle Modalitäten eines Zustandes des Seins darstellt, ist, wie schon gesagt, eine in der Ebene liegende Spirale, deren Bogen sich um das Zentrum der Ebene herumwinden. Zwei aufeinanderfolgende Bogen befinden sich in einem infinitesimalen Abstand voneinander, der mit der Urdistanz identisch ist. Eine infinitesimale Quantität ist eine veränderliche Größe, eine Variable, die beliebig klein werden kann, jedoch nie Null. Das Verhältnis von zwei infinitesimalen Größen kann aber, wenn sie beide gleichzeitig beliebig klein werden, einem Grenzwert zustreben.

XVI

DIE BEZIEHUNG ZWISCHEN DEM PUNKT UND DEM AUSGEDEHNTEN

Die letzte Bemerkung hat eine Frage aufgeworfen, die es verdient, beachtet zu werden. Wir wollen zwar nicht in aller Ausführlichkeit auf das Ausgedehnte eingehen, weil man das Wesen des Raumes nur erfassen kann, wenn man auch die anderen Bedingungen der körperlichen Existenz mit einbezieht. Vor allem wollen wir zeigen, daß die Distanz von zwei unmittelbar benachbarten Punkten als letzte Schranke der Ausgedehntheit, als Grenzwert im Sinne der endlos abnehmenden Quantitäten des Ausgedehnten aufgefaßt werden muß. Die Distanz von zwei unmittelbar benachbarten Punkten ist die kleinste Distanz, die im Ausgedehnten möglich ist. Diese Distanz kann nicht mehr verkleinert werden, denn nach dieser Grenze gibt es keine Ausgedehntheit mehr. Hat man die Bedingungen der körperlichen Existenz überwunden, existiert diese kleinste Distanz und auch das Ausgedehnte nicht mehr. Teilt man das Ausgedehnte immer und immer wieder in endloser Folge und treibt man dieses Teilen so weit, als es überhaupt möglich ist, erreicht man zuletzt nicht den Punkt, sondern die elementare Distanz zweier Punkte, die »Urdistanz«.

Nun gilt das Folgende. Die Existenz zweier Punkte ist die notwendige Bedingung für das Vorhandensein des Ausgedehnten. Nur das gleichzeitige Vorhandensein zweier Punkte schafft das Ausgedehnte, genauer, das Ausgedehnte in einer Dimension. Dieses eindimensional Ausgedehnte kann als erste Beziehung zwischen den beiden Punkten aufgefaßt werden und tritt dann als drittes Element zu den beiden Punkten. Dieses dritte Element heißt Distanz, es eint und trennt die beiden Punkte. Die Distanz, als Beziehung aufgefaßt, ist nicht teilbar und auch nicht aus Teilen zusammengesetzt.[102] Eine Distanz wird teilbar, wenn zur ersten Distanz eine zweite, ein Maß hinzukommt, also die Bedingung Quantität zur Bedingung Raum tritt. Der mit einem Maß versehene Raum ist teilbar, entsprechend ist die Teilbarkeit endlos.

Auch die infinitesimale Distanz ist eine reine Beziehung zwischen zwei unmittelbar benachbarten Punkten und in quantitativer Hinsicht völlig unbestimmt. Das gleiche gilt auch für zwei unmittelbar benachbarte Punkte, die auf irgendeiner Linie liegen. Was wir als Punkte im Raume bezeichnen, sind in Wirklichkeit Ortsangaben oder Orte, zum Beispiel die Ecke eines Würfels.

Die Distanz ist ein offenes eindimensionales Kontinuum, Anfangs- und Endpunkt einer Strecke gehören als Punkte nicht zum Ausgedehnten selbst, auch die Strecke ist offen. Die Distanz ist das eigentliche Element, das den Raum aufbaut. Man kann streng genommen nicht sagen, eine Linie werde von Punkten gebildet, denn der Punkt hat keine Ausdehnung. Die bloße Addition von Punkten kann nie etwas

Ausgedehntes schaffen. Jede Linie ist das Werk aufeinanderfolgender elementarer Distanzen.

Denken wir uns in einer Ebene eine Schar von beliebig vielen parallellaufenden Geraden, kann man nicht sagen, die Ebene sei von diesen parallellaufenden Geraden gebildet oder die Parallelen seien das erzeugende Element. Nun gibt es zwischen zwei Parallelen stets einen Abstand, eine Distanz. Ist dies eine Urdistanz, bilden die beiden Parallelen einen »elementaren Streifen«. Verschieben wir auf einer Geraden einen solchen elementaren Streifen parallel zu sich selbst, erzeugt er eine Ebene. Der »elementare Streifen« ist dann das diese Ebene erzeugende Element. Entsprechendes gilt für den Raum, wenn eine ganze Anzahl solcher aus Parallelverschiebung entstandener Ebenen betrachtet wird.

Der Punkt ist das Prinzip des Ausgedehnten, er ist die Ursache des Raumes. Die Urdistanz ist das erzeugende Element des Ausgedehnten, der Punkt birgt in sich alle Möglichkeiten des Ausgedehnten, alle Möglichkeiten der räumlichen Kundgebung. Will der Punkt den Raum realisieren, so muß er gewissermaßen sich gegenübertreten, sich selber betrachten. Dieser Prozeß, ohne Ende wiederholt, erzeugt die Vielheit der Punkte. Je zwei Punkte dieser Vielheit bilden eine Strecke, sind es zwei unmittelbar benachbarte Punkte, bilden sie die Urdistanz. Die Gesamtheit der Urdistanzen bilden den kundgegebenen Raum. Vom Standpunkt des prinzipiellen Punktes aus ist die räumliche Welt eine Illusion. Der prinzipielle Punkt bleibt stets, was er ist und immer war, seine Einheit wird durch die Kundgebung Raum in keiner Weise angetastet. Würden alle

Punkte aus der Vielheit der Punkte in den Urpunkt zurückgenommen, so gäbe es keine Urdistanz und keine Distanzen mehr, und die räumliche Welt hätte aufgehört zu existieren. Der Urpunkt bringt das Ausgedehnte durch seinen Akt hervor und schafft und besetzt durch eine seiner Modalitäten den ganzen Raum. Dieser Akt veräußert alle Möglichkeiten des Prinzipiellen, des Urpunktes, und realisiert unter der Bedingung Zeit die Bewegung. Bei dieser Betrachtungsweise ist das Ausgedehnte die passive Seite des Urpunktes, und der Raum wird dadurch zum Gefäß des durch den prinzipiellen Punkt Geschaffenen.

Alle Punkte, der Urpunkt und alle abgeleiteten Punkte haben keine Ausdehnung, sie sind ohne Form und gehören deshalb nicht zum Bereiche der individuellen Existenz. Form ist in räumlicher Hinsicht nur in der Vielheit der räumlichen Kundgebung möglich, was jedoch die Existenz der Urdistanz voraussetzt. Der Raum in seinem ursprünglichen Zustande hat die Form einer offenen Kugel, deren Zentrum der Urpunkt ist. Dieser Raum ist isotrop in bezug auf das Zentrum, kein Radius dieser Kugel ist ausgezeichnet. Realisiert die Urdistanz als erstes die Gerade, so ist der Raum nicht mehr isotrop, denn die Gerade erzeugt eine Richtung und diese zwei Pole, welche sich an der Grenze der Kugel befinden. Der Urpunkt, der das gesamte Ausgedehnte realisiert, ist das Zentrum der Ausgedehntheit, das Prinzip der Ausgedehntheit. Er mißt den Raum in seinen Dimensionen, indem er die Arme des dreidimensionalen Kreuzes ins Endlose in Richtung der sechs Kardinalpunkte des Raumes verlängert.

Das dreidimensionale Kreuz ist das Sinnbild des »universellen Menschen«. Er ist das Maß aller Dinge, um mit den Worten von Protagoras zu sprechen. Dem Sophisten war diese metaphysische Interpretation unbekannt, er meinte den individuellen Menschen. Dieser ist aber in seinem individuellen Zustande eingeschlossen und kann diesen als Individuum nicht verlassen.

XVII

DIE ONTOLOGIE DES BRENNENDEN BUSCHES

Das vorangehende Kapitel beschreibt einen elementaren Bezug, den Bezug zwischen drei Elementen, zwischen zwei Punkten und ihrem Abstand. Diese drei Elemente entsprechen logisch und grammatikalisch den drei Elementen eines einfachen Satzes: Subjekt, Prädikat und ihrer Verbindung (Kopula). Der Beispielsatz: »Der Mensch ist ein Wesen« drückt eine – mindestens partielle – Identität aus. Diese Identität im attributiven Satz meinten unsere Ausführungen im vorherigen Kapitel über die Verdoppelung ein und desselben Punktes, als es hieß, er stelle sich sozusagen sich selbst gegenüber.

Wir können den einfachen Satz, welcher Subjekt und Objekt mit der Kopula »Sein« verbindet, auch als ein Bild der Erkenntnis betrachten: Indem sich das Sein sich selbst gegenüberstellt, verdoppelt es sich in Subjekt und Objekt; beide sind aber in Wirklichkeit ein und dasselbe. Jede wirkliche Erkenntnis bedeutet eine Identifikation von Subjekt und Objekt. Soweit die Erkenntnis reicht, sind das erkennende und das erkannte Wesen eins; das erkannte Objekt wird zu einer Eigenschaft des erkennenden Subjekts.

Das universale Sein haben wir durch den Urpunkt dargestellt; alle Wesen sind wirklich, weil und insoweit sie am Urpunkt teilhaben. Das Sein spaltet sich, ohne daß seine Einheit davon berührt würde. Es ist Subjekt und Objekt im Satze: »Das Sein ist das Sein.« Die Logiker nennen diese Feststellung das »Prinzip der Identität«. Ihre Bedeutung geht aber über die Logik hinaus; sie ist vor allem ein ontologisches Prinzip. Dieser Satz ist aber auch ein Bild höchster Erkenntnis. Das Sein als Subjekt erkennt das Sein als Objekt. Die höchste Erkenntnis ist somit Identität. Das Sein kennt sich selbst durch sich selbst. Die islamische Esoterik sagt: »Gott hat die Welt von Sich Selbst, durch Sich Selbst, in Sich Selbst geschaffen.«[103]

Als Moses Gott nach Seinem Namen frug, antwortete Er aus dem brennenden Busch: »Eleieh asher Eleieh.« Gewöhnlich übersetzt man diesen Satz mit »Ich bin der ich bin«, doch lautet die genaue Übersetzung: »Das Sein ist das Sein.« Eleieh ist als Name aufzufassen; Moses wird vorgeschrieben, dem Volk zu sagen: »Eleieh hat mich zu euch geschickt.« Asher ist ein Relativpronomen und bedeutet als Kopula »ist«. Wir sehen das gleiche Bild wie beim Urpunkt. Das Sein verdoppelt sich und bleibt doch sich selbst. Das *asher* ist die Distanz als Ursprung der Möglichkeiten. Einzelne islamische esoterische Schulen bezeichnen als brennenden Busch den Körper des Menschen, der sich voll verwirklicht hat. Aus seinem Herzen strahlt die göttliche Gegenwart.

XVIII

ÜBERGANG VOM RECHTWINKLIGEN KOORDINATENSYSTEM ZUM SYSTEM DER POLARKOORDINATEN

Wir kommen auf unsere zuletzt erwähnte geometrische Darstellung zurück, in der wir das rechtwinklige Bezugssystem durch das System der Polarkoordinaten ersetzten.

Betrachten wir eine horizontale Ebene; sie möge eine Stufe der Existenz darstellen. Ein Punkt dieser Ebene sei das Zentrum dieser Ebene, der Pol dieser Stufe der Existenz. Eine Gerade durch den Pol senkrecht zur Ebene dieser Stufe sei die Vertikale des ganzen Systems. In dieser Ebene legen wir um den Pol eine Spirale, die alle Modalitäten dieser Stufe darstellt. Der Abstand eines Punktes der Spirale vom Pol heißt Radius der Spirale. Legen wir in der Ebene, welche eine Stufe der Existenz darstellt, eine Gerade durch den Pol, so schneidet diese Gerade alle Modalitäten in Punkten, die einander entsprechen. Die Tangenten in diesen Punkten der Spirale bilden mit der schneidenden Geraden stets die gleichen Winkel. Jede Modalität hat zwei ausgezeichnete Punkte. Für die Modalität der körperlichen Existenz sind das zum Beispiel die Punkte, welche Geburt und Tod des menschlichen Individuums in dieser Welt bedeuten. Die ausgezeichneten Punkte aller Modalitäten liegen alle auf einer Geraden durch den Pol, wir nennen sie die Achse des Systems. Die Spirale nimmt ihren Anfang im Pol und berührt die Achse in diesem Punkte. Ein Radius der Spirale kann in zweifacher Weise variieren; erstens hinsichtlich seiner Länge, zweitens in bezug auf seine Lage. Dreht sich der Radius um den Pol, so entspricht zum Beispiel einer jeweiligen Zunahme des Drehwinkels um 360° ein Wechsel der Modalität, wobei der Radius um die Urdistanz zunimmt. Legen wir einen beliebigen Radius durch den Pol, so schneidet er alle Modalitäten in Punkten, die Modifikationen dieser Modalitäten sind und einander entsprechen. Wir drehen nun die Ebene, in der die Spirale liegt, samt Spirale in stetiger Weise so um die Vertikale des Systems, daß die Spirale alle möglichen Lagen um den Pol herum einnimmt. Wir drehen also die Ebene um die Vertikale um 360°. Alle Spiralen, die wir nun durch die Drehung erhalten, durchdringen sich gegenseitig, schneiden sich, und jede Spirale überdeckt alle möglichen Punkte der Ebene. Alle Spiralen, gleichzeitig betrachtet, ergeben das genaue Bild für die Totalität eines Wesens. Diese Darstellung läßt auch den inneren Zusammenhang zwischen allen Modalitäten und den einander entsprechenden Elementen erkennen. Sie entwirft auch ein Bild für die Fortpflanzung der Wellen einer in einem Punkte einer freien Oberfläche einer Flüssigkeit erzeugten Schwingung.

Alle Darstellungen, seien sie verbaler oder geometrischer Art, sind immer mehr oder weniger unvollkommen. Das kann nicht anders sein, unterliegen diese Darstellungen doch alle der Bedingung

Form. In der geometrischen Symbolik müssen wir zudem der Bedingung Raum Genüge tun. Das Darzustellende, als das Umfassendere, muß immer in Schranken gezwungen werden, die immer einen begrenzten Spielraum gewähren. Zudem kann das hierarchisch Höhere nie und nimmer das hierarchisch unter dem Höheren Liegende versinnbildlichen. Jedes Symbol gehört einer Seinsebene an. Diese Seinsebene muß unter der Seinsebene liegen, in der das Darzustellende gelegen ist.

XIX

DER UNUNTERBROCHENE ZUSAMMENHANG DER STUFEN DES SEINS, GEOMETRISCH DARGESTELLT

In unserer letzten Darstellung haben wir nur eine einzige horizontale Ebene betrachtet und sie als Sinnbild einer Stufe des Wesens genommen. Jetzt wollen wir darstellen, wie alle diese Stufen, also alle horizontalen Ebenen, ohne Unterbrechung ineinander übergehen. Statt die horizontale Ebene wie bisher als fix zu betrachten, nehmen wir jetzt an, daß sie sich unmerklich verschiebt und dabei zu sich selbst parallel und zur Achse rechtwinklig bleibt. Sie durchläuft dabei alle Punkte der Achse; der Übergang von einem Punkt zum andern entspricht der Spirale, wie wir sie in den vorhergehenden Kapiteln betrachtet haben. Der Einfachheit halber und provisorisch können wir auch hier die Spirale zunächst als Kreis behandeln. Auch jetzt schließt sich dieser Kreis nicht; der Endpunkt liegt nicht mehr in derselben Ebene wie der Anfangspunkt. Mit anderen Worten: Die Kurve bleibt nicht wie in der früheren Darstellung in der horizontalen Richtung offen, sondern in der vertikalen Richtung. Der Anfangspunkt liegt in der unmittelbar anstoßenden unteren, der Endpunkt in der unmittelbar oberen Ebene; ihr Abstand ist der infinitesimale Schritt einer Schraubenlinie auf einem Zylinder um die vertikale Achse.

Wir betrachten nun zwei Bewegungen gleichzeitig: erstens die schraubenförmige Bewegung auf einer Reihe von senkrechten konzentrischen Zylindern und zweitens die spiralenförmige Bewegung auf einer als fix angenommenen horizontalen Ebene. Die Basisebene dieses Systems ist dann die horizontale Spirale; sie bildet eine endlose Reihe nicht geschlossener Kreise. Um noch besser zu begreifen, wie alle Stufen des Wesens nahtlos ineinander übergehen, muß man sich die Spirale nicht nur in einer Stellung vorstellen, sondern in allen Stellungen, die sie rund um das Zentrum einnehmen kann. Diese Vorstellung ergibt eine endlose Reihe von Systemen mit derselben Achse. Diese Systeme durchdringen sich gegenseitig, da jedes alle Punkte ihres dreidimensionalen Raumes erfaßt.

Wir werden im nächsten Kapitel zeigen, daß man in dieser geometrischen Sinnbildlichkeit noch einen Schritt weitergehen kann. Hier möchten wir nur noch bemerken, daß diese Ausführungen sowohl für die makrokosmische wie für die mikrokosmische Darstellung gelten. Wir sind jetzt vom Mikrokosmos ausgegangen. Übertragen wir unser geometrisches Bild auf den Makrokosmos, sind die horizontalen Spiralen nicht mehr die Modalitäten eines Wesens in einem bestimmten Zustand, sondern die verschiedenen Bereiche einer Stufe des Seins. Die vertikalen Entsprechungen bedeuten dann nicht mehr die Analogie zwischen den Zuständen eines Wesens, sondern zwischen den verschiedenen Stufen des Seins. Auch für die folgenden Kapitel gilt, daß sich die mikrokosmische und makrokosmische Darstellung in dieser Weise entsprechen.

XX

DER UNIVERSALE WIRBEL (VORTEX)

Im komplexen vertikalen System, das wir zuletzt betrachtet haben, ist der Raum nicht »isotrop«. Eine einzelne Richtung, die der vertikalen Achse, ist bestimmt und damit »privilegiert«, so daß die Figur nicht mehr nach allen Richtungen »homogen« ist. Im Gegensatz hierzu ist die horizontale Ebene homogen, wenn wir gleichzeitig alle Spiralen rund um das Zentrum betrachten. Um diese Homogenität auch für den dreidimensionalen Raum zu erreichen, müssen wir davon ausgehen, daß jede Gerade durch das Zentrum – und nicht nur die vertikale – als Achse eines Systemes genommen werden und damit die Rolle der Vertikalen spielen kann. Ebenso kann jede Ebene, die durch das Zentrum geht und zu einer solchen Geraden senkrecht steht, die Rolle der horizontalen Ebene spielen. Alle diese Systeme mit Achsen, die durch das Zentrum gehen, kann man sich gleichzeitig vorstellen. Im Grunde sind alle diese Systeme nur verschiedene Stellungen des einen Systems, wenn seine Achse um den Mittelpunkt herum alle möglichen Lagen einnimmt. Diese Systeme durchdringen sich gegenseitig, weil jedes für sich alle Punkte des Raumes erfaßt. Diese Punkte sind der Urpunkt, der seine Möglichkeiten in allen Richtungen entfaltet und so den ganzen Raum erfüllt. In der vollen Ausdehnung entsteht die volle Homogenität, umgekehrt läßt sich die äußerste Unterscheidung nur in der äußersten Universalität verwirklichen. Wir haben schon im siebten Kapitel aus der Sicht der islamischen Esoterik auf die beiden Gesichtspunkte der Einheit in der Vielheit und der Vielheit in der Einheit hingewiesen. Im Mittelpunkt des Wesens herrscht vollkommenes Gleichgewicht zwischen allen Gegensätzen, zu denen äußerliche und besondere Gesichtspunkte Anlaß geben.

Ein Integral läßt sich nicht sukzessive und aus seinen einzelnen Elementen errechnen[104], eine solche Rechnung würde nie enden. Die Integration läßt sich nur durch eine synthetische Operation ausführen; ein analytisches Vorgehen wie bei der Bildung einer arithmetischen Summe ist auf das Unendliche nicht anwendbar. So kann das Wesen seine volle Entfaltung und damit Gleichgewicht und Frieden nur durch eine Synthese erreichen. Wir haben gesagt, daß sich die volle Integration einer Ebene, eines Zustandes, durch ein einfaches Integral versinnbildlichen läßt. Hier, wo es um die Integration des Raumes geht, ist ein doppeltes Integral Sinnbild. Wir können noch hinzufügen, daß diese Integration einer Wellenbewegung gleicht; sie breitet sich zuerst auf der horizontalen Ebene und dann im dreidimensionalen Raum aus. Nehmen wir diesen Raum als – unvollkommenes – Symbol der Allmöglichkeit, so erhalten wir mit dieser Wellenbewegung ein Bild des universalen Wirbels. Nach ihm rollt die Verwirklichung aller Dinge ab; die fernöstliche Lehre nennt ihn Tao, den Weg.

XXI

BESTIMMUNG DER ELEMENTE IN DER DARSTELLUNG DES SEINS UND DER EINZELNEN WESEN

Wir haben die geometrische Sinnbildlichkeit bis an die Grenze des Vorstellbaren getrieben, indem wir stufenweise einen immer höheren Grad der Unbestimmtheit zugrunde gelegt haben. Wir müssen nun diesen Weg sozusagen zurückgehen, um zu einer Bestimmtheit zu gelangen, die es ermöglicht, die Figur tatsächlich zu zeichnen. Wir betrachten zunächst nicht die Gesamtheit aller Wesen, sondern ein einzelnes Wesen in seiner Ganzheit. Wir nehmen an, daß die senkrechte Achse gegeben ist und ebenso die senkrechte Ebene, die durch diese Achse geht; sie enthält die Endpunkte der Modalitäten jedes Zustandes. Wir wissen auch, daß die erste horizontale Achse in dieser vertikalen Ebene liegt und daß die zweite horizontale Achse zur ersten senkrecht steht. Nicht bestimmt ist dagegen zunächst die horizontale Ebene, welche diese beiden Achsen enthält. Legen wir diese Ebene fest, so bestimmen wir damit den Mittelpunkt des Raumes, denn dieser ist der Schnittpunkt der vertikalen Achse mit dieser Ebene. Damit können wir das dreidimensionale Kreuz, das den ganzen Raum mißt, zeichnen.

Bei der Darstellung des einzelnen Wesens in seiner Ganzheit sind wir einerseits von einer horizontalen Spirale und andererseits einer senkrechten Schraubenlinie ausgegangen. Wenn wir eine solche Schraubenlinie isoliert betrachten und den infinitesimalen Abstand ihres Schrittes außer acht lassen, können wir sie als einen Kreis in einer horizontalen Ebene betrachten. Ebenso können wir die horizontale Spirale als Kreis betrachten, wenn wir die infinitesimale Änderung des Radius zwischen ihren Enden außer acht lassen. So kann jeder Kreis, den wir in der horizontalen Ebene von deren Mittelpunkt aus ziehen, gleichzeitig als die Windung einer vertikalen Schraubenlinie oder einer horizontalen Spirale angesehen werden. Wir werden auf diesen Kreis im nächsten Abschnitt über das Sinnbild Yin-Yang zurückkommen. Wie sich hieraus ergibt, ist die Kurve, die wir als Kreis darstellen und die eine Modalität des gegebenen Zustandes darstellt, in Wirklichkeit weder geschlossen noch eben.

Allgemein symbolisiert der Kreis mit dem Mittelpunkt, dem Schnittpunkt der vertikalen Achse mit der horizontalen Ebene, den Anfangs- und Endpunkt eines Kreislaufes. Im sechsten Kapitel haben wir ausgeführt, daß die Zahl Zehn (Achse und Kreis) ein Bild der vollen Entwicklung der Eins ist. Punkt und Kreis entsprechen Essenz und Substanz, Purusha und Prakriti oder dem Sein und seiner Möglichkeit. Die horizontale Ebene spielt gegenüber der aktiven vertikalen Achse die passive Rolle; der entsprechende Zustand entfaltet sich unter dem aktiven Einfluß der Achse. Wir werden in den folgenden Kapiteln hierauf zurückkommen.

XXII

DAS FERNÖSTLICHE SYMBOL YIN-YANG – GLEICHWERTIGKEIT VON LEBEN UND TOD

In unserer geometrischen Symbolik stellt die horizontale Ebene einen Zustand des Wesens dar; jede Modalität dieses Zustandes entspricht einer ebenen Spirale. In Wirklichkeit liegen Anfangs- und Endpunkt dieser Spirale nicht mehr in dieser Ebene, sondern in zwei unmittelbar benachbarten Ebenen. Matgioi schreibt dazu: »Diese Spirale ist schraubenförmig, ihr Abstand infinitesimal. Da wir gegenwärtig in einer beschränkten Welt leben, handeln und denken, dürfen wir sie aber als eben und als Kreis betrachten. Nur vom Absoluten aus gesehen, das heißt, wenn man die Gesamtheit aller Zustände betrachtet, erscheint sie als schraubenförmig. So ist denn auf unserer Ebene, das heißt in unserem Zustand, der Kreislauf des Lebens eine unmittelbare Wahrheit und der Kreis sein adäquates Sinnbild.«[105]

So ist denn auch das Yin-Yang-Symbol ein Kreis. Wir alle kennen es: Ein Kreis wird durch eine aus zwei Halbkreisen gebildete Linie in zwei Hälften geteilt; die eine Hälfte ist weiß, die andere schwarz. In der weißen Hälfte befindet sich ein kleiner schwarzer, in der schwarzen Hälfte ein kleiner weißer Kreis. Dieses Sinnbild »stellt den individuellen Kreislauf dar. Er hat nur zweidimensional am universalen Zylinder teil. Er ist durchscheinend; die früheren und späteren Zustände schimmern durch.« Die dunkle Hälfte entspricht den früheren, die helle den späteren Zuständen. Die dunkle Hälfte ist die Seite des Yin, die helle die Seite des Yang. Da Yang auch das männliche und Yin das weibliche Prinzip darstellen, haben wir hier ein Bild des Androgyn; seine Hälften sind unterscheidbar, aber noch nicht getrennt. Im zyklischen Kreislauf herrschen abwechselnd Yang und Yin vor. Dadurch hängt dieses Sinnbild auch mit dem Swastika und der doppelten Spirale, die wir schon besprochen haben, zusammen. Wir dürfen aber nie vergessen, daß dieser Kreis im Grunde ein Element des universalen Zylinders ist und Anfangs- und Endpunkt in zwei anderen, unmittelbar benachbarten Ebenen liegen. Es gibt nur einen einzigen menschlichen Kreislauf, und man wiederholt nie den Weg, den man schon einmal zurückgelegt hat. Jede Reinkarnation im landläufigen Sinn ist unmöglich. Wenn wir von früheren und späteren Zuständen sprechen, meinen wir das natürlich nicht zeitlich, sondern logisch und ontologisch. Nicht nur der einzelne Mensch, sondern auch die Gattung Mensch wiederholt sich nicht. Die Gattung ist dem Einzelnen nicht übergeordnet; sie gehört ebenfalls der individuellen Welt an und endet mit ihr.

Da Anfangs- und Endpunkt der Spirale, die wir als Kreis betrachtet haben, nicht auf der Ebene des menschlichen Zustandes liegen, gehören sie nicht wirklich zur Individualität. »Eintritt in und Ausgang aus dem Yin-Yang liegen nicht im Ermessen des Individuums. Diese zwei Punkte liegen auf der Außenseite des universalen Zylinders und sind der Anziehung des ›Willens des Himmels‹ unterworfen. Der Mensch kann nicht über seine Geburt und seinen Tod entscheiden. Er ist nicht frei, seine Geburt anzunehmen, abzulehnen oder ihren Augenblick zu wählen. Dem Tod kann er sich nicht entziehen, und richtigerweise steht ihm auch nicht zu, den Augenblick des Todes zu wählen. – So ist der irdische Mensch Sklave hinsichtlich Geburt und Tod, den beiden Hauptereignissen seines individuellen Lebens. Nach ihnen bemißt sich seine Entwicklung im Angesicht des Unendlichen. Zwischen Geburt und Tod ist das Individuum in seinen Handlungen frei; innerhalb des Lebenskreislaufes läßt sich der ›Wille des Himmels‹ nicht wahrnehmen. [...] Leben und Tod, an sich und ohne Rücksicht auf andere Zustände betrachtet, sind gleichwertig.«

Im Grunde ist es dasselbe Phänomen, vom früheren und vom späteren Zustand aus betrachtet. Jedes Ende eines Kreislaufes fällt mit dem Anfang eines neuen zusammen. Geburt und Tod »begleiten und ergänzen sich: Die menschliche Geburt ist die unmittelbare Folge eines Todes in einem anderen Zustand; der menschliche Tod ist die unmittelbare Ursache der Geburt in einen anderen Zustand. – Der Tod am Ende eines Zyklus liegt um so viel höher als die Geburt in demselben Zyklus, als sich der ›Wille des Himmels‹ auf diesen Zyklus auswirkt, also – mathematisch gesprochen – um den infinitesimalen Schritt der Schraubenlinie auf dem universalen Zylinder.«

XXIII

BEDEUTUNG DER VERTIKALEN ACHSE: DER EINFLUSS DES WILLENS DES HIMMELS

Im siebten Kapitel dieses Buches haben wir den Punkt, wo der senkrechte Balken des Kreuzes den waagerechten trifft, als die unbewegliche Mitte, den unbewegten Beweger des Aristoteles erkannt. In der »unbeweglichen Mitte« (Chung-yung) spiegelt sich die »Tätigkeit des Himmels« wider. Selbst nichthandelnd, ist sie das Prinzip jeder Handlung. Auf die mikrokosmische Betrachtung (Kap. XII) angewandt, stellt die vertikale Achse den »persönlichen Weg« zur Vollkommenheit dar.[106] Wir verstehen hier den Ausdruck Vollkommenheit im absoluten Sinn. Vom menschlichen Standpunkt aus können wir aktive *(Ch'ien)* und passive *(K'un)* Vollkommenheit unterscheiden. Die aktive Vollkommenheit entspricht dem willenmäßigen Anblick, der Allmacht, der »Tätigkeit des Himmels«, die passive Vollkommenheit dem plastischen Anblick. *Ch'ien* ist der Himmel (T'ien), *K'un* die Erde (Ti). Wir finden in der Vollkommenheit auf höherer Stufe eine analoge Unterscheidung, wie wir sie im Sein zwischen Essenz und Substanz gemacht haben. Beide Unterscheidungen bestehen nur von unserem menschlichen Gesichtspunkt aus und berühren weder die Einheit des Seins noch die Nichtzweiheit der Vollkommenheit.

Metaphysisch gesehen, erfordert das Gesetz der Harmonie, daß die Schraubenlinie auf dem universalen Zylinder gleichmäßig verläuft, die Abstände zwischen den einzelnen Zyklen gleich groß sind, sich also die Anziehungskraft des Himmels gleichmäßig auswirkt. Versuchen wir von einem nicht metaphysischen Standpunkt aus den Abstand eines bestimmten Zyklus von einem anderen Zyklus, also den Schritt der Schraubenlinie, festzustellen, stoßen wir auf Schwierigkeiten: »Wir kennen den Wert dieser geometrischen Elemente nicht, denn wir haben gegenwärtig keine bewußte Kenntnis von den Zuständen, die wir durchlaufen haben. So können wir den Abstand von dem Zustand, aus dem wir kommen, nicht messen.«[107] Bei Chuang-Tzu (XXV) heißt es: »Der Mensch vermag nichts über sein eigenes Leben, weil ihm das Gesetz, das sein Leben und seinen Tod, seine Wandlungen, regelt, nicht bekannt ist; was kann er dann von dem Gesetz wissen, das die großen kosmischen Änderungen, den universalen Ablauf, regelt?« Die indischen Purânas erklären, daß es kein Maß gibt für die früheren und späteren Kalpas, das heißt für die Kreisläufe, die sich auf andere Stufen des Seins beziehen.

Zum Schluß dieses Kapitels können wir die Bedeutung der vertikalen Achse noch anhand eines Bibelwortes beleuchten. Wir schicken voraus, daß es sich um eine metaphysische, nicht um eine theologische Auslegung handelt, entsprechend dem Unterschied, den die islamische Esoterik zwischen der *haqiquah* (metaphysisch und esoterisch) und der *sha-*

riyah (sozial und exoterisch) macht. Christus als Wort (Logos) bezeichnet sich als den Weg, die Wahrheit und das Leben. Greifen wir auf unsere mikrokosmische Darstellung im zwölften Kapitel zurück, so ist der Weg die senkrechte Achse. Von den beiden horizontalen Achsen versinnbildlicht die eine die Wahrheit und die andere das Leben. Der Weg bezieht sich auf den Allmenschen, die Wahrheit auf den geistigen und das Leben – wenigstens unmittelbar – auf den körperlichen Menschen. Die hebräische Lehre bezeichnet diese drei Anblicke des Menschen mit den Ausdrücken »Adam«, »Aish« und »Enôsh«. Der geistige und der körperliche Mensch gehören beide derselben Daseinsstufe an, der erste als volle Verwirklichung der Individualität, der zweite als eine Modalität derselben. Christus aber als Logos, als Wort, ist Ausdruck des Willens des Himmels.

XXIV

DER HIMMLISCHE STRAHL UND DIE IHN REFLEKTIERENDE EBENE

Wenn wir von der Darstellung der Stufen des Seins, also der makrokosmischen, wie wir sie in Kapitel XI gegeben haben, ausgehen, versinnbildlicht die vertikale Achse das, was verschiedene Überlieferungen den »himmlischen« oder den »göttlichen Strahl« nennen. Die Inder bezeichnen dieses Prinzip als Buddhi oder Mahat.[108] »Es ist das höhere, überindividuelle Element des Menschen, das ihm als Führer durch die Phasen der universalen Entwicklung dient.«[109] Der universale Zyklus, wie ihn die Gesamtheit unserer geometrischen Darstellung versinnbildlicht und »von dem die Menschheit im individuellen Sinn nur eine Phase darstellt, dieser universale Zyklus hat eine eigene Bewegung[110], unabhängig von unserer Menschheit, von allen Menschheiten, von allen Daseinsstufen, die er als Allmensch umfaßt. Diese eigene Bewegung des universalen Zyklus beruht darauf, daß der ›himmlische Strahl‹ nach seinem Ursprung zurückstrebt und den Zyklus unweigerlich nach oben, seiner Bestimmung zuführt, der Vollkommenheit, die gleichzeitig sein Ursprung ist, entgegen, mit harmonischer und segensreicher Gewalt.«[111] Diese Gewalt ist nichts anderes als die Anziehungskraft, wie wir sie im vorhergehenden Kapitel besprochen haben. Diese Bewegung des universalen Zyklus ist unabhängig von jedem individuellen Wollen, sei es eines Einzelnen oder eines Kollektivs. Der individuelle Wille kann sich nur im Rahmen des individuellen Zustandes auswirken. »Der Mensch als individueller Mensch kann nur über sein Geschick als Mensch bestimmen. Dieses beschränkte Wesen mit beschränkten Fähigkeiten kann sich selbst nicht außerhalb seines gegenwärtigen beschränkten Zustandes bewegen, anhalten oder beeinflussen. Es ist noch unsinniger anzunehmen, es könne den Gang des universalen Zyklus ändern oder anhalten.« Daran ändert auch nichts, daß der individuelle Zustand endlose (nicht unendliche!) Möglichkeiten bietet. Faßt man die »Unsterblichkeit« als eine Verlängerung des individuellen Zustandes in die zeitliche Endlosigkeit auf, so gelangt der Mensch mit ihr allein nicht über die Grenzen seines beschränkten, individuellen Zustandes hinaus.

So geht der »himmlische Strahl« durch alle Stufen des Seins und bestimmt durch seinen Schnittpunkt mit ihnen ihre »unveränderliche Mitte«. Diese Bestimmung ist aber nur voll wirksam, wenn der »himmlische Strahl« auf der Ebene, die er trifft, eine Schwingung hervorruft und diese sich auf das ganze Wesen oder – bei makrokosmischer Betrachtung – auf das ganze Sein überträgt. Die Gesamtheit aller Möglichkeiten der Kundgebung oder des einzelnen Wesens bildet an sich ein »unförmliches und leeres Chaos« (wörtliche Übersetzung des hebräischen *thohu-va-bohu).* In diesem Chaos ist alles Finsternis bis zur Erleuchtung, bis zum Fiat lux. Das Wort

Gottes »Es werde Licht« ordnet das Chaos, wie die Genesis (1,2–3) lehrt. Der *Veda* schildert, wie zuerst alles *tamas* ist, bis der Höchste Brahma eine Änderung befiehlt. Dann verwandelt sich *tamas* in *rajas* und auf einen neuen Befehl in *sattwa*. Wir verweisen auf das fünfte Kapitel des vorliegenden Buches. Die erste Phase kommt von den unteren Zuständen und wirkt sich auf die horizontale Ebene des betroffenen Zustandes aus. Die zweite Phase gibt der Schwingung eine Richtung nach oben und überträgt sie auf die ganze Reihe der höheren Zustände. Die betroffene horizontale Ebene spielt gegenüber dem aktiven himmlischen Strahl eine passive Rolle, analog dem Verhältnis von Purusha und Prakriti, Himmel und Erde, Essenz und Substanz. Alle Lehren bezeichnen diese Ebene als »Oberfläche der Wasser« und auch als Trennungsfläche der oberen und unteren Wasser (so Genesis 1,6–7). Die oberen Wasser sind das überindividuelle, überformhafte, die unteren das individuelle, formhafte Chaos.

Nach dem *Veda* geht vom universalen Geist *(atmâ)* der himmlische Strahl aus und spiegelt sich auf der Oberfläche der »Wasser« wider.[112] Dadurch entsteht in den Wassern ein göttlicher Funke, ein unerschaffener Kern, das »Ei der Welt« oder der goldene Embryo *(hiranyagarbha)*. In jedem einzelnen Wesen entwickelt sich dieser Funke des göttlichen Lichtes, um sich mit dem göttlichen Licht zu vereinen. Im Grund ist dieser Funke mit diesem göttlichen Licht eins, so wie die Natur des Feuers in jedem Funken enthalten ist. Der Funke strahlt nach allen Richtungen aus und verwirklicht so alle Möglichkeiten des Wesens. Nur vom Standpunkt der

Kundgebung aus ist dieser Funke im Wesen eingeschlossen; von der Unendlichkeit aus gesehen, berühren die Zufälligkeiten der Welt das göttliche Feuer nicht, so wie Agni nur scheinbar als Mittelpunkt des Swastika in dieses eingeschlossen ist. In Kapitel X des vorliegenden Buches haben wir eingehend vom Swastika gesprochen. Agni als unbeweglicher Mittelpunkt läßt das Rad sich drehen. Es ist feurig wie der Strahl, der es entstehen läßt. Agni entspricht auch dem Lamm (agnus) an der Quelle der vier Flüsse, wie es die christliche Symbolik kennt.[113]

Das Wesen verwirklicht seine Möglichkeiten immer durch eine innere Tätigkeit; diese Tätigkeit geht immer vom Mittelpunkt aus. Eine »äußere« Handlung ist nur innerhalb der individuellen Welt denkbar und kann nicht über diese hinaus wirken. Viele Lehren versinnbildlichen diese Verwirklichung aller Möglichkeiten durch eine Blume, die sich auf der Oberfläche der Wasser ausbreitet. In Indien ist es der Lotus, im Westen die Rose.[114] So wie die Zahl der Speichen des Weltenrades ist auch die Zahl der Blätter dieser Blume unterschiedlich. Wir finden namentlich die Zahlen 5 und 6; sie beziehen sich auf den Mikrokosmos und den Makrokosmos. Zuerst entfaltet sich das Wesen auf der horizontalen Ebene seines gegenwärtigen Zustandes; in einer zweiten Phase erfaßt diese Entfaltung alle Zustände.

Die Unterscheidung zwischen »äußerer« und »innerer« Handlung, zwischen »Außen« und »Innen« überhaupt, können wir nur von unserem gegenwärtigen beschränkten Standpunkt aus machen. Wir kommen auf diese Unterscheidung in Kapitel XXIX zurück. Wir schließen diesen Abschnitt mit einem Zitat von Chuang-Tzu (XXV): »Wenn man in der Kundgebung von ›dem Prinzip‹ spricht, bedeutet dieser Ausdruck nicht mehr das Sein, das in allen Wesen und die Norm des kosmischen Kreislaufes ist. Die Natur dieses Prinzips, die Natur des Seins sind unbegreiflich und unaussprechbar. Nur das Beschränkte läßt sich individuell begreifen und ausdrücken. Sagen wir von ihm nur, daß es der Pol, die Achse des universalen Kreislaufes ist, ohne zu versuchen, es zu erklären.« So ist auch im *Tao-te-ching* das Tao mit Namen nicht das höchste Tao. Tao als die »große Einheit« ist »die Mutter der zehntausend Wesen«; das höchste Tao aber ist ohne Namen.

zählt. Wir schließen diesen Abschnitt mit einem Zitat [illegible] Weltanschauung [illegible] [illegible] [illegible] [illegible] dieser [illegible] nach [illegible] sein, [illegible] Werk [illegible] die Summe des [illegible] die große [illegible] die [illegible] [illegible] [illegible] [illegible] [illegible]

XXV

DER BAUM UND DIE SCHLANGE

Im neunten Kapitel »Der Baum der Mitte« in diesem Buch haben wir die Bedeutung der Schlange, die um einen Baum gerollt ist, besprochen. Diese Figur entspricht genau der Schraubenlinie um den senkrechten Zylinder, wie wir ihn soeben betrachtet haben. Der Baum versinnbildlicht die Weltachse und die Schlange die Kreisläufe der Welt.[115] Einzelne Traditionen stellen denn auch das Durchlaufen der verschiedenen Zustände als eine Wanderung im Körper dieser Schlange dar, so beispielsweise die gnostische Pistis Sophia. Dieses Durchlaufen können wir als aufsteigend zu den höheren oder als absteigend zu den niederen Zuständen ansehen; entsprechend erscheint die Schlange als heilvoll oder unheilvoll. Der Hermesstab bringt die beiden Aspekte durch zwei Schlangen zum Ausdruck.

Wir finden die Schlange nicht nur um den Baum, sondern auch um andere Symbole der Weltachse aufgerollt, so um den Omphalos[116] oder um den Berg Meru. Dieser Berg ist in Indien der »Polarberg«. Die Schlange Shêsha oder Ananta stellt die Endlosigkeit der Kundgebung dar; sie ist um den Meru aufgerollt; die Dêva und die Asura – sie entsprechen den höheren und tieferen Zuständen – ziehen sie in entgegengesetzte Richtung. Auch hier wieder der heilvolle und unheilvolle Anblick der Schlange, je nachdem, ob man sie von der Seite der Dêva oder der Seite der Asura ansieht.[117] Wir sehen auch den Zusammenhang mit den beiden entgegengesetzten Seiten des Baumes des Wissens, wie wir sie im neunten Kapitel besprochen haben.

Manchmal erscheint die Schlange nicht gerade als unheilvoll aber doch als furchtbar; sie bedeutet dann die endlose Kette der Kreisläufe, die den Menschen gefangenhält, das buddhistische *samsâra,* die endlose Drehung des Weltenrades. Von dieser Kette muß sich der Mensch befreien, wenn er das *nirvâna* erreichen will. Auch in biblischer Sicht ist das Hängen an der Vielfältigkeit die Versuchung, die den Menschen von der Ureinheit entfernt, ihn hindert, die Frucht des Lebens zu erreichen und damit dem Wechsel von Geburt und Tod unterwirft.

Um sich voll zu verwirklichen, muß der Mensch sich von der Kette der Kreisläufe befreien und von der Peripherie in das Zentrum gelangen, in den Punkt, wo die senkrechte Achse auf den horizontalen Plan, die Welt des Menschen, trifft. Wie wir gesehen haben, besteht Kontinuität zwischen allen Stufen des Seins; im Gegensatz hierzu bedeutet es immer einen Bruch, wenn der Mensch das Zentrum seines Zustandes erreicht. Dieser Bruch, diese Unstetigkeit kann vom mathematischen Standpunkt aus mit dem Übergang einer nicht abbrechenden Zahlenfolge zu ihrem Grenzwert verglichen werden. Der Grenzwert, eine feste Zahl, wird von den Zahlen der bloßen Abfolge (sie sind beliebig und veränderlich) nie erreicht, er ist keine Zahl der Folge, er ist die Grenze, das Ziel der Folge.[118] Jeder Grenzwert kann die Grenze von beliebig vielen verschiedenen Zahlenfolgen sein. So wie man die Zahlenfolge vollständig verlassen muß, um den Grenzwert zu erreichen, so muß auch das Wesen die ihm auferlegten unbestimmt vielen Zustände durchlaufen und verlassen, wenn es die »unveränderliche Mitte« erreichen will. Diese Mitte, die jede Veränderung, jede Bewegung in der Welt verursacht und lenkt, ist selbst keiner Veränderung unterworfen. Auch kann weder der Grenzwert einer Zahlenfolge noch die metaphysische Verwirklichung allmählich oder stufenweise realisiert werden. Diese Verwirklichung ist die eine Synthese, der keine Analyse vorausgeht; diese wäre nicht nur unwirksam, sie wäre auch ihrer Bedeutung nach null und nichtig.

In der ersten Sure des Korans, der Fâtiha (»Eröffnung«) heißt es: »Führe uns den aufrechten Weg, den Weg derer, auf die Du Deinen Segen ausbreitest, nicht den Weg derer, auf denen Dein Zorn ruht und nicht den Weg der Irrenden.« Die senkrechte Achse symbolisiert den »aufrechten Weg«; die Menschen, auf die Gott seine Gnade ausbreitet, sind die, welche unter dem Einfluß der »Tätigkeit des Himmels« zu den höheren Zuständen und der vollen Verwirklichung gelangen. Der Zorn ist der Gegensatz zur Gnade und wirkt sich ebenfalls auf der senkrechten Achse aus, aber nicht nach oben, sondern nach unten. Dieser Weg ist der Weg der Hölle im Gegensatz zum himmlischen Weg. Er wird durch den Sturz der Engel versinnbildlicht und stellt beim

Menschen einen Ausnahmefall dar. Die »Irrenden« bilden die große Mehrheit der Menschen; angezogen von der Vielfalt irren sie endlos durch die Kreisläufe der Welt, wie die Windungen der Schlange um den Baum des Lebens sie darstellen.[119] »Islam« heißt wörtlich »sich dem Willen Gottes unterwerfen«. In diesem Sinne ist jeder Mensch Muslim, weil jeder sich dem Willen Gottes unterwerfen muß. Die Gläubigen *(mûminîn)* unterwerfen sich bewußt und freiwillig, die Ungläubigen *(kuffâr)* widerwillig oder in völligem Nichtwissen. Wir finden hier wieder die drei besprochenen Gruppen. Die Gläubigen folgen dem aufrechten Weg; sie stimmen mit dem höchsten Willen überein und arbeiten so mit am göttlichen Plan.

XXVI

UNVERGLEICHBARKEIT DES GANZEN WESENS UND DER INDIVIDUALITÄT

Die überlieferte Auffassung vom Wesen, so wie wir sie hier darlegen, unterscheidet sich grundsätzlich von allen anthropomorphen und geozentrischen Vorstellungen. Da sich das westliche Denken schwer von diesen Vorstellungen befreit, ist diese Feststellung für uns von größter Wichtigkeit. Die reine Metaphysik verträgt sich mit keinerlei Anthropomorphismus. Jede Ausdrucksweise ist unvollkommen. Wir müssen uns notgedrungenerweise der menschlichen Sprache bedienen. Dadurch läßt sich der Eindruck einer gewissen Vermenschlichung metaphysischer Wahrheiten kaum vermeiden. Schon bevor wir einen Gedanken aussprechen, nimmt er gewissermaßen menschliche Form an. Shankarâchârya sagt: »Der Gedanke fließt im Menschen wie das geschmolzene Metall sich in der Form des Gießers verbreitet.« Der Gedanke nimmt die Form des Denkenden an. Er erfüllt den Menschen, wie Wasser eine Vase bis zum Rande füllt. So wird der Gedanke anthropomorph. Der Mensch kann danach streben, dieser Gefahr zu entgehen; als Individuum wird er sie nie ganz überwinden. Erst in den überindividuellen Zuständen – falls er sie verwirklicht – kann er sich ganz von diesen Schranken befreien. Wenn wir von Sein und Nichtsein und nicht mit Eckehart von Gott und Gottheit reden, so um jeden Anthropomorphismus und die Vorstellung, Gott sei eine Individualität, soweit als möglich auszuschließen.

Den Unterschied zwischen Selbst und Ich, zwischen dem ganzen Wesen und der Individualität[120] haben wir bereits erläutert. Wir verweisen auf das erste Kapitel des vorliegenden Buches. Wir können versuchen, die Unvergleichlichkeit von Selbst und Ich durch folgende geometrische Überlegung zu veranschaulichen: Das Selbst als Verwirklichung des ganzen Wesens integriert sich nach den drei Dimensionen des Kreuzes, um schießlich in seiner Ureinheit aufzugehen. Diese Ureinheit verwirklicht sich in der vollen Ausdehnung, wie der ganze Raum sie sinnbildlich darstellt. Demgegenüber ist das Ich eine individuelle Modifikation und stellt im Verhältnis zum dreidimensionalen Raum nur ein infinitesimales Element dar. Dabei haben wir etwas Endloses als Sinnbild für das Unendliche genommen, soweit man überhaupt von einer Versinnbildlichung des Unendlichen sprechen kann. Man darf aber nicht, wie viele moderne Philosophen und Mathematiker, das Unendliche und das Endlose verwechseln. Noch weniger darf man aus der geometrischen Darstellung metaphysische Wahrheiten ableiten oder gar beweisen wollen. Diese geometrische Symbolik kann nur dazu dienen, diese Wahrheiten – wenn auch in unvollkommener Form – zu veranschaulichen. »Wir können das Endlose als Bild des Unendlichen nehmen; wir können aber nicht die Beweisführung des Endlosen auf das Unendliche übertragen; der Symbolismus geht von oben nach unten, steigt aber nicht wieder nach oben« (Matgioi).

XXVII

DER RANG DES MENSCHLICHEN ZUSTANDES IN DEN STUFEN DES SEINS

Nach dem, was wir im vorhergehenden Kapitel über den Anthropomorphismus gesagt haben, ist klar, daß dem menschlichen Zustand kein privilegierter Platz in der Reihe der Stufen des Seins zukommt. Als menschliche Individuen kennen wir nur diesen Zustand und können uns von den endlos vielen anderen Zuständen kein Bild machen. So fehlt uns jede Vergleichsbasis, um unseren Zustand in die endlose Folge der anderen Zustände einreihen zu können. Wir müssen uns damit begnügen, daß dieser Zustand mit seinen besonderen Bedingungen so ist, wie er im Rahmen der universalen Harmonie sein muß. Gemäß dem Gesetz dieser Harmonie vollzieht sich, wie Matgioi sagt, der Übergang von einem Zustand zu einem andern »so logisch und einfach wie im Innern eines Zustandes der Übergang von einer Situation in eine andere«. Unter diesem Gesichtspunkt gibt es in der ganzen Welt keinerlei Unterbrechung; die universale Kausalität erfordert, daß alles ohne Unterbrechung ineinander übergeht.

Wenn wir den Vorbehalt »unter diesem Gesichtspunkt« machen, so denken wir an die einzigartige Unterbrechung dieser reibungslosen Abfolge, die wir schon früher besprochen haben. Sie erfolgt dann, wenn der »himmlische Strahl« auf der Ebene, die er trifft, eine Schwingung im Sinne des Fiat lux hervorruft; sie erhellt das ganze Chaos der Möglichkeiten. Von diesem Augenblick an folgt auf das Chaos Ordnung, auf die Finsternis Licht und auf den Ansatz Verwirklichung. Wenn diese Schwingung sich bis an die Grenze des Wesens ausgedehnt und dieses damit seine volle Verwirklichung gefunden hat, braucht es keine weiteren Kreisläufe zu durchwandern, sondern erfaßt in voller Gleichzeitigkeit synthetisch alle Kreisläufe. »Die Erlösung ist die Rückkehr der Geschöpfe in das ungeschaffene Sein. Die Schöpfung schafft die Geschöpfe, die Erlösung befreit sie.« (Shi-ping-wen, zitiert von Matgioi).

Diese Befreiung (Sanskrit: moksha oder mukti) haben wir bereits erwähnt.[121] Sie kann von jedem Zustand aus erfolgen, also auch vom menschlichen. Sie ist auch dem körperlichen, irdischen Menschen möglich. Mit anderen Worten: Der Mensch kann die Befreiung hier und in diesem Leben erreichen *(jîvan-mukti)*. Nichts verhindert, daß auch die hier erlangte Befreiung wie jede andere das Wesen von den Schranken aller Stufen des Seins vollständig erlöst. Das vorliegende Buch hält sich in einem rein theoretischen Rahmen; es kann daher nicht seine Aufgabe sein, den Weg zu dieser Befreiung zu schildern.

XXVIII

DIE GROSSE DREIHEIT

Aus unseren bisherigen Ausführungen ergibt sich, daß der Begriff »Allmensch« nichts Anthropomorphes an sich hat. Jeder Anthropomorphismus ist mit der reinen Metaphysik unvereinbar. Dagegen ist ein gewisser Anthropozentrismus unter bestimmten Bedingungen legitim. Wie wir gesagt haben, spielt der Mensch auf der Stufe des Seins, der er angehört, aber nur auf dieser Stufe, eine zentrale Rolle. Diese Rolle gibt dem Menschen keinerlei besondere Stellung in der Reihe der übrigen Stufen; sie genügt aber, um den Symbolismus des Allmenschen, wie wir ihn im zweiten Kapitel dargelegt haben, zu rechtfertigen.

Wie wir ferner zeigten, hat jedes Wesen, also auch der Mensch, die Möglichkeit, sich zum Zentrum des ganzen Wesens und damit auch der ganzen Welt zu machen. Man kann sagen, daß er im Keime schon dieses Zentrum ist; sein Ziel bleibt, diese zentrale Stellung auch voll zu verwirklichen. Es ist daher erlaubt, sich schon vor dieser Verwirklichung und im Hinblick auf sie theoretisch in dieses Zentrum zu versetzen.[122] Der Mensch gibt naturgemäß dem menschlichen Zustand, entgegen einer rein metaphysischen Betrachtungsweise, eine besondere Wichtigkeit, weil er sich in ihm befindet. Diese Bevorzugung des menschlichen Zustandes rechtfertigt sich, wenn er nachträglich die volle Verwirklichung erlangt. Auf diesem Weg erreicht der Mensch zuerst das Zentrum des menschlichen Zustandes und damit den edenhaften Urzustand. Nachher wird dieses Zentrum zum Mittelpunkt des ganzen Wesens und der Welt. Die erste dieser Phasen bedeutet die volle Verwirklichung des menschlichen Zustandes, die zweite Phase die Verwirklichung des Wesens in allen Stufen.

Die fernöstliche Lehre bezeichnet den, der das Zentrum des menschlichen Zustandes erreicht hat, als den »wahrhaften Menschen« *(Chen-jen).* Er befindet sich endgültig in der »unveränderlichen Mitte« und entgeht so den Wechselfällen des Weltenrades. Über dieser Stufe steht der »jenseitige Mensch« *(Shen-jen).* Eigentlich kein Mensch mehr, da er die Welt des Menschen mit ihren Begrenzungen hinter sich gelassen hat, gelangt er zur vollen Verwirklichung und höchsten Vereinigung mit dem jenseitigen Urgrund. Damit ist er zum Allmensch geworden. Der »wahrhafte Mensch« ist erst insofern Allmensch, als er vom Umkreis ins Zentrum gelangt ist und keine weiteren Stufen mehr gesondert zu durchlaufen hat. Der menschliche Zustand ist für ihn erst im Ansatz das Zentrum des ganzen Wesens. Der »wahrhafte Mensch« entspricht dem arabischen *el-insânul-qadîm* und der Allmensch dem *el-insan-kâmil.*[123]

Die fernöstliche »Große Dreiheit« umfaßt den Himmel (T'ien), die Erde (Ti) und den Menschen (Jen). Dabei steht der Mensch als Vermittler zwischen Himmel und Erde. Himmel und Erde entsprechen Purusha und Prakriti. An sich hat jeder Mensch, ja jedes Wesen überhaupt an ihnen teil. Um aber wirklich Vermittler zwischen beiden sein zu können, muß der Mensch den »wahrhaften Menschen« und den »Allmenschen« verwirklichen und damit in die Mitte der Welt gelangen. Die Vereinigung von Himmel und Erde ist dasselbe wie die Vereinigung der göttlichen und der menschlichen Natur in Christus als dem Allmenschen. Unter seinen Symbolen finden wir den sechszackigen Stern, gebildet aus zwei Dreiecken, das »Siegel Salomons«.[124] Eine Schule des Hermetismus, der Albert der Große und Thomas von Aquin angehörten, sah im aufrechten Dreieck des Salomonsiegels die göttliche und im umgekehrten Dreieck die menschliche Natur Christi. Das Siegel stellt somit die Vereinigung der beiden Naturen dar. In der islamischen Esoterik heißen die beiden Naturen *lahut* und *nâsût*.[125] Die Rolle des Logos gegenüber der Welt tritt noch deutlicher hervor, wenn wir in das Innere des Salomonsiegels das Kreuz einzeichnen. Die Vertikale des Kreuzes verbindet die Spitzen der beiden Dreiecke als die beiden Pole der Welt, und die Horizontale stellt die »Oberfläche des Wassers« dar.

Himmel und Erde bilden zwei sich ergänzende Möglichkeiten, die eine aktiv, passiv die andere. Ihre Vereinigung ergibt den »Androgyn«; von ihm haben wir im sechsten Kapitel gesprochen. Jedes Wesen hat am männlichen *(Yang)* und am weiblichen *(Yin)* Prinzip teil, aber immer in ungleichem Verhältnis. Erst im edenhaften Urzustand halten sich beide das Gleichgewicht. Nachdem sich das Wesen im jenseitigen Urgrund voll verwirklicht hat, kann man auch nicht mehr von Androgyn sprechen, da in diesem Begriff immer noch eine Dualität durchschimmert, sondern nur noch von Neutralität. Das Sein, an sich betrachtet, ist jenseits der Unterscheidung von Essenz und Substanz, Himmel und Erde, Purusha und Prakriti. Alle diese Unterscheidungen verschwinden jenseits dieser Welt. »Himmel und Erde werden vergehen; meine Worte aber werden nicht vergehen.« (Matthäus 24,35.)

XXIX

DAS ZENTRUM UND DER UMKREIS

Unsere Ausführungen könnten vielleicht den Eindruck erwecken, als führten sie dazu, den Raum »als eine Kugel« zu betrachten, »deren Mittelpunkt überall und deren Umkreis nirgends ist«, nach einer oft zitierten Redewendung von Pascal. Wir wollen hier nicht untersuchen, ob Pascal diese Redewendung als erster gebraucht und wie er sie genau verstanden hat. Sicher ist, daß er trotz seiner anderweitigen Verdienste keinerlei metaphysische Kenntnis besessen hat, sonst hätte er nicht von zwei Unendlichkeiten sprechen können. Zwei Unendlichkeiten müßten sich gegenseitig begrenzen, so daß keine von beiden wirklich unendlich sein könnte. Pascal verwechselt wie viele das Unendliche mit dem Endlosen; mit den zwei Unendlichkeiten meint er Endlosigkeit in zunehmender und in abnehmender Richtung.

In der räumlichen Darstellung des Wesens in seiner Ganzheit kann tatsächlich jeder Punkt Mittelpunkt werden; aber er wird es erst, wenn er tatsächlich zum Mittelpunkt bestimmt wird. Diese Bestimmung setzt ihn mit dem Urpunkt gleich. Der Urpunkt ist nirgends, da er als Prinzip des Raumes diesem nicht unterworfen ist. Überall sind dagegen die Kundgebungen dieses Urpunktes: Sie füllen den ganzen Raum.[126] Das Zentrum läßt durch seine Schwingungen alle Punkte an seiner Unteilbarkeit und Absolutheit teilhaben und hebt sie über die Räumlichkeit hinaus, sofern dieses Teilhaben voll verwirklicht ist.

Im zweiten Kapitel dieses Buches haben wir anhand des Salomonsiegels gezeigt, daß die Analogie zwischen dem Sinnbild und dem versinnbildlichten metaphysischen Prinzip immer umgekehrt anzuwenden ist. Betrachten wir den Raum nicht als Sinnbild, sondern so, wie er in dieser Welt ist, kann kein Punkt Zentrum sein. Alle Punkte gehören der Kundgebung und damit dem Umkreis des Weltenrades an. Die ganze Welt ist »außen«. Wir müssen uns bewußt sein, daß wir nur sinnbildlich von innen und außen, Zentrum und Umkreis reden können. Die Unvollkommenheit unserer Ausdrucksmittel zwingt uns aber, in Sinnbildern zu sprechen. Wir können nur so andern unsere Vorstellungen mitteilen. Oberhalb unserer Welt gibt es keine »anderen«, wenigstens nicht in dem trennenden Sinn, den dieses Wort in unserem irdischen Dasein hat. Wir müssen uns hüten, Sinnbild und die versinnbildlichte höhere Wirklichkeit zu verwechseln. Symbole unvollständig verstehen oder falsch auslegen führt zu den größten Irrtümern. Denken wir an Janus: Er hat zwei Gesichter; sein eigentliches Gesicht, das dritte, können wir weder sehen noch berühren. Das Bild des Janus ist anwendbar auf das Außen und Innen wie auch auf die Vergangenheit und Zukunft. Das dritte Gesicht kann kein begrenztes Wesen betrachten, ohne sich von seinen Schranken befreit zu haben; es entspricht dem dritten Auge Shivas, das alles in der »ewigen Gegenwart« erblickt.[127]

In einer taoistischen Schrift, bei Chuang-tzu, heißt es: »Der Punkt, welcher den Angelpunkt der Norm bildet, ist der unbewegliche Mittelpunkt eines Umkreises, auf welchem alle Zufälligkeiten, Unterscheidungen und Individualitäten abrollen.« Seine Voreingenommenheit als Geometer hat Pascal dazu verleitet, die Verhältnisse gerade umgekehrt darzustellen. Vom metaphysischen Standpunkt aus ist das Zentrum nirgends. Wie wir bereits sagten, ist es nicht räumlich, sondern jenseits des Raumes, obwohl es allem innewohnt. »Weder die Augen noch das Gehör können das Prinzip erreichen [. . .]. Das Prinzip kann nicht gehört werden; was man sieht, ist nicht das Prinzip [. . .]. Da man sich das Prinzip nicht vorstellen kann, kann man es auch nicht beschreiben.«[128] Alles, was man sehen, hören, sich vorstellen, aussprechen oder beschreiben kann, gehört zur Kundgebung, ja sogar zur formhaften, individuellen Kundgebung. In Wirklichkeit ist der Umkreis, nicht der Mittelpunkt überall. Alle Orte des Raumes oder, wenn man den Raum zum Sinnbild für die ganze Kundgebung nimmt, »alle Zufälle, Unterscheidungen und Individualitäten« sind nur Elemente des »Stroms der Formen« und damit Punkte des Umkreises des »Weltenrades«.

Kurz zusammengefaßt ist nicht nur im Raum, sondern in der ganzen Welt überall das Äußere, der Umkreis, und nirgends der Mittelpunkt. Dieser ist nicht kundgegeben, aber – und hier kommt die umgekehrte Analogie voll zur Geltung – die Kundgebung wäre nichts ohne den nicht kundgegebenen Urpunkt. Gerade weil er sich nicht kundgibt, enthält er im Prinzip alle nur möglichen Kundgebungen. Er ist der »unbewegte Beweger« aller Dinge, der unveränderliche Ursprung aller Unterscheidungen und Veränderungen. Dieser Punkt erzeugt den Raum und alle anderen Kundgebungen. Er geht sozusagen aus sich heraus, entfaltet eine endlose Menge von Abwandlungen und füllt mit ihnen den ganzen Raum. Wenn wir sagen »er geht aus sich heraus«, so ist dies eine sehr unvollkommene Ausdrucksweise. Der Urpunkt ist ja dem Raum nicht unterworfen; er verursacht den Raum. Dieser Kausalzusammenhang ist nicht umkehrbar. Der Urpunkt bleibt unberührt von seinen Folgen, immer sich selbst. Er hat die Ureinheit nie verlassen. Ob wir nun vom Wesen an sich, wie der Punkt es versinnbildlicht, oder gar vom universalen Sein sprechen, immer können wir nur von Einheit reden. Wollten wir über die Grenzen des Seins hinausgehen und die unendliche Vollendung ins Auge fassen, müßten wir gleichzeitig von der Einheit zur metaphysischen Null übergehen. Ob wir nun dieses Höchste als metaphysische Null oder mit Eckehart – zur Unterscheidung von Gott als dem Sein – als Gottheit oder ob wir es als Über-Sein oder Nichtsein bezeichnen – in Wirklichkeit kann kein Sinnbild es darstellen und kein Name es nennen.

XXX

LETZTE BEMERKUNGEN ÜBER DEN RÄUMLICHEN SYMBOLISMUS

Wir haben im vorliegenden Buch nicht genau zwischen Raum und Ausdehnung unterschieden. Wir haben oft Raum genannt, was in Wirklichkeit nur eine Ausdehnung in drei Dimensionen ist; die Grenzen dieser dreidimensionalen Ausdehnung haben wir im ganzen Buche nicht überschritten. Eigentlich sollte man aber den Ausdruck »Raum« nur für die Gesamtheit aller möglichen Ausdehnungen gebrauchen. Diese können sich unter anderem durch die Zahl der Dimensionen unterscheiden. Aber auch beim dreidimensionalen Raum haben wir nur den euklidischen zugrunde gelegt, obwohl auch andere Spielarten denkbar sind. Der folgerichtige Aufbau der verschiedenen nicht euklidischen Geometrien beweist es.

Wir unterstreichen zum Schluß noch einmal: Die räumliche Möglichkeit ist zwar endlos, und sogar in mehrfacher Potenz endlos, aber nicht unendlich, sonst könnte es daneben keine anderen Möglichkeiten geben. Aber schon das Denken ist dem Raume nicht unterworfen, also kann der Raum nicht allumfassend sein. Das Endlose geht aus dem Endlichen hervor, wie die Zahlenreihe zeigt; sie geht von der

Eins aus. Das Mehr kann nicht aus dem Weniger, das Unendliche nicht aus dem Endlichen hervorgehen. Es ist deshalb falsch, von einem unendlichen Raum zu sprechen, sowenig man von einer ewigen Zeit reden kann.

Wir behalten uns vor, in einem weiteren Buch unter dem Titel *Stufen des Seins* unsere Ausführungen über die Zustände des Wesens fortzusetzen und unabhängig von der räumlichen Symbolik zu betrachten. Das vorliegende Buch möchten wir mit den folgenden Worten schließen: Der überindividuelle und jenseitige »göttliche Strahl« offenbart sich im Zentrum des menschlichen Zustandes – wie auch der anderen Zustände – im Bewußtsein von der Einheit des Seins in der Vielfalt der Welt. Dieses Bewußtsein steht über dem Verstand und jeder Form; es schließt das Gefühl für die Harmonie der Weltordnung ein, Gefühl als geistige Eingebung und nicht als Sinneswahrnehmung. In diesem geistigen Sinne ist dieses Bewußtsein wahrhaft die »Empfindung der Ewigkeit«.

ANMERKUNGEN

1 »Die geschichtliche Wahrheit ist nur sicher, wenn sie sich vom Prinzip ableitet.« (Chuang-tzu, XXV.)

2 Zur Unterscheidung von Selbst und Ich, Personalität und Individualität s. *L'homme et son devenir selon le Vêdânta,* Kap. II u. III.

3 Da das Wort »existieren« ein Sein bedeutet, das von einem außerhalb seiner liegenden Prinzip abhängt, ist auch der volkstümliche Ausdruck »die Existenz Gottes«, ob man nun unter Gott das Sein oder das Nichtsein versteht, unangemessen.

4 Dieser Ausdruck entspricht dem arabischen *wahdatul-wujûd.* – Über die Unterscheidung zwischen der »Einzigkeit« der Existenz, der »Einheit« des Seins und der »Nichtzweiheit« des höchsten Urgrunds vgl. *L'Homme et son devenir selon le Vêdânta,* Kap. VI.

5 Bewußt oder unbewußt suchen die modernen Philosophen die Allmöglichkeit einzuschränken, um ihre Systeme aufbauen zu können. Vielleicht wäre es interessant, die Geschichte der modernen Philosophie unter dem Gesichtspunkt zu schreiben, in welchem Maße diese jeweils versucht, der Allmöglichkeit Grenzen zu setzen.

6 Über den Zustand, der dem Sein entspricht, und den unbedingten Zustand jenseits des Seins vgl. *L'Homme et son devenir selon le Vêdânta,* Kap. XIV u. XV.

7 Vgl. *L'Homme et son devenir selon le Vêdânta,* Kap. I u. III.

8 Im Arabischen *el-insânul-kâmil,* im Hebräischen *L'Adam Qadmôn,* im fernen Osten *Wang,* der König. *(Tao-te-ching* XXV.) Von den vielen Abhandlungen der islamischen Esoterik über *el-insânul-kâmil* erwähnen wir als besonders

wichtig die von Mohyiddin ibn Arabi und die von Abdul-Karîm El Jîli.

9 Wir haben im zweiten und vierten Kapitel des *L'Homme et son devenir selon le Vêdânta* erklärt, weshalb wir diese Ausdrücke gebrauchen, obwohl sie vielfach mißbraucht worden sind. Diesen griechischen Ausdrücken entsprechen im Arabischen *el-kawnul-kebir* und *el-kawnuç-çeghir*.

10 Dasselbe gilt für die Lehre der Zeitalter. Diese Kreisläufe sind nur ein anderer Ausdruck der Stufen des Seins; jeder sekundäre Zyklus wiederholt auf niedrigerer Stufe die entsprechenden Phasen des größern, dem er untergeordnet ist.

11 Vgl. Purusha Sûkta des *Rig-Vêda* X, 90.

12 Vgl. dazu und zu Vaishwânara *L'Homme et son devenir selon le Vêdânta,* Kap. XII.

13 Vgl. die islamische Überlieferung von der Erschaffung der Engel und des Menschen. Natürlich haben diese Überlieferungen nichts zu schaffen mit dem modernen Transformismus und Evolutionismus; beide sind traditionswidrig.

14 Die Verwirklichung der vollen Individualität entspricht dem »Urzustand«. Wir haben von ihm oft gesprochen. Die jüdische und die christliche Religion sprechen von »eden«-haften Menschen.

15 Vgl. die beiden Adam, von denen der heilige Paulus im 15. Kapitel des ersten Briefes an die Korinther spricht. Aus dieser Stelle ist auch die Verbindung von Allmensch und Logos ersichtlich.

16 Die Ausdrücke »Verwirklichung in die Höhe« und »in die Breite« entnehmen wir der islamischen Esoterik. Das Symbol des »Rosenkreuzes« hatte dieselbe Bedeutung. Auf die Rose werden wir noch zu sprechen kommen.

17 »Wenn der Mensch auf der universalen Stufe sich zum Höchsten erhebt, wenn in ihm alle anderen nicht menschlichen Zustände erwachen in voller Entfaltung, ist er der Allmensch. Die Verwirklichung in die Höhe und Breite hat ihre Vollendung im Propheten gefunden (der so mit dem Allmenschen eins ist).« (Brief über die Kundgebung des Propheten von Scheich Mohammed ibn Fadlallah El-Hindi.) Das Verhältnis von Allmensch und Logos zum Propheten zeigt, daß in der esoterischen Lehre kein wirklicher Widerspruch zwischen Christentum und Islam besteht. – Es scheint, daß der altpersische *vohu-mana* ebenfalls dem Allmenschen entspricht.

18 Vgl. dazu die letzten Kapitel in *L'Homme et son devenir selon le Vêdânta*.

19 Diese Zahl ist 66. Sie ergibt sich, wenn man die Zahlenwerte der Buchstaben der Namen Adam wa Hawâ (Adam und Eva) zusammenzählt. Nach der Genesis schuf Gott den Menschen »männlich und weiblich«, androgyn, nach Seinem Ebenbild. Nach der islamischen Lehre befahl Gott den Engeln, den Menschen anzubeten. Androgyn ist der vollständige menschliche Zustand; in ihm halten sich die Gegensätze im Gleichgewicht. Wir werden hierauf zurückkommen. Die indische Lehre drückt diesen Zustand durch das Wort *hamsa* aus; hier entsprechen die beiden gegensätzlichen Pole dem Aus- und Einatmen als Abbild des Aus- und Einatmens der universalen Kundgebung.

20 Leibniz hatte einige traditionelle Kenntnisse; sie blieben aber unvollständig. So ist seine absolute Unterscheidung zwischen dem Möglichen und dem Wirklichen unhaltbar. Alles Mögliche ist auf seine Art wirklich.

21 Vgl. die Abhandlung des bekannten freimaurerischen Autors J. M. Ragon, *Rituel du grade de Rose-Croix,* S. 25–28.

22 Richtung und Dimension nicht verwechseln! Es gibt sechs Richtungen, aber nur drei Dimensionen. Jede Dimension enthält zwei entgegengesetzte Richtungen.

23 Vgl. *Der König der Welt,* Kap. VII.

24 P. Vulliaud, *La Kabbale juive,* Bd. 1, S. 215–216.

25 Jehova hat vier Buchstaben *iod he vau he,* aber nur drei sind verschieden voneinander, da *he* sich wiederholt.

26 Siphra di Tseniutha, *Zohar* II, 176 b.

27 Der Urpunkt entwickelt sich in Linien. Diese Linien sind in der indischen Lehre die »Haare Shivas«.

28 Diese Formung *(jetsirah)* bedeutet die Kundgebung in der seelischen Welt; die Kundgebung in der körperlichen heißt *asiah* und die überindividuelle Welt *beriah.* Im fünften Kapitel des *L'Homme et son devenir selon le Vêdânta* wird die Übereinstimmung mit der indischen Dreiteilung *(tribhuvana)* hervorgehoben.

29 Sie stimmen in dieser Hinsicht mit der Silbe Aum (Om) in der hinduistischen und auch altchristlichen Symbolik überein (vgl. ebd. Kap. XVI und *Der König der Welt,* Kap. IV.

30 Das Hebräische schreibt nur die Konsonanten.

31 Dies entspricht der Unterscheidung, welche die indische Lehre zwischen *Brahma nirguna,* dem ersten erschaffenen Lebewesen ohne Eigenschaften, und *Brahma saguna,* dem ersten erschaffenen Lebewesen mit Eigenschaften, macht, d.h. zwischen dem »Höchsten« und dem »Nicht-Höchsten«

(ishwara). (Vgl. *L'Homme et son devenir selon le Vêdânta,* Kap. I u. X.)

32 Dieser Grad entspricht dem »universalen Grad« der islamischen Esoterik. Er enthält synthetisch alle Stufen des Seins. Auch die islamische Esoterik kennt das Bild der Spiegel. Die Einheit enthält alle Anblicke der Gottheit *(asrâr rabbâniyah)* oder Geheimnisse des Herrn. »Sie ist die reflektierende Außenseite des Absoluten; jedes Geschöpf, das sich in ihren zahllosen Facetten spiegelt, wird verherrlicht.« (Vgl. ebd. Kap. X und das dritte Kapitel von *Der König der Welt.)* In unserem Text handelt es sich offensichtlich um diese *asrâr rabbâniyah.*

33 Der Grad, den der Punkt darstellt, entspricht der Einheit und ist der Grad des reinen Seins *(ishwara).*

34 Vgl. *L'Homme et son devenir selon le Vêdânta,* Kap. XV über den unbedingten Zustand von *atmâ* und die Entsprechungen aus anderen Traditionen.

35 Das Sein ist nicht kundgegeben, aber Prinzip der Kundgebung.

36 Die Eins ist die erste Zahl; vor ihr gibt es nichts zu zählen. Das Zählen ist hier als Bild für das unterscheidende Erkennen genommen.

37 Das ist die metaphysische Null oder das Nichtsein. *(Tao-te-ching* XI.) In *L'Homme et son devenir selon le Vêdânta,* Kap. XV haben wir dargelegt, warum jenseits des Seins nur negative Ausdrücke verwendet werden können.

38 Der faßbare Beginn des Daseins ist also das Sein. Dieses ist das Prinzip der Welt, wie die Eins der Anfang und das Prinzip aller Zahlen ist.

39 Alle Dinge müssen zuerst gedacht werden, bevor man sie ausführen kann.

40 Das Allerheiligste wurde durch das Innerste des Tempels dargestellt; hier offenbarte sich die *shekinah,* die göttliche Gegenwart.

41 Das ist das Wort als göttlicher Geist; er ist nach einem christlichen Ausdruck der »Ort der Möglichen«.

42 Das ist die »ewige Gegenwart«.

43 Das Jubeljahr als die Rückkehr zum Urzustand. Vgl. *Der König der Welt,* Kap. III. Die Zahl 50 läßt sich wie folgt zerlegen: $50 = 7^2 + 1$. Das Wort *kol,* das im Arabischen und Hebräischen »alles« bedeutet, hat den Zahlenwert 50. Die »fünfzig Pforten der Weisheit« beinhalten ebenso den Wert dieser Zahl.

44 Das Wort als göttliches Wort. Es ist zuerst Gedanke im Innern, im Selbst, dann Wort nach außen, in Beziehung zur Welt. Das Wort ist die Kundgebung des Gedankens. Das erste ausgesprochene Wort ist das *Jehi aor* (Fiat lux) der Genesis.

45 Vgl. *L'Homme et son devenir selon le Vêdânta,* Kap. IV.

46 Prakriti, die Wurzel *(mûla)* der Kundgebung, enthält schon die drei *guna.* Sie halten sich ursprünglich im Gleichgewicht; die ganze Kundgebung ist ein Bruch dieses Gleichgewichts.

47 *Guna* heißt wörtlich »Seil«. Auch die Wörter *bandha* und *pashâ,* welche »Band« bedeuten, werden für die einschränkenden Bedingungen der einzelnen Stufen des Daseins *(upâdhis)* verwendet. Guna bezeichnet vor allem die Sehne eines Bogens. Das Wort drückt also auch eine gewisse Spannung und damit Tendenz aus. Die Bezeichnung »Tendenz« charakterisiert das Wesen der *guna* am besten.

48 Das Wort *varna* heißt eigentlich »Farbe« und verallgemeinernd »Eigenschaft«; in übertragenem Sinn wird es gebraucht, um die innerste Natur eines Prinzips oder Wesens zu bezeichnen. Deshalb bezeichnet es auch die Kaste; die Kastenordnung beruht ja auf der Verschiedenheit der Natur der einzelnen Menschen. Die drei *guna* werden durch die drei sinnbildlichen Farben schwarz *(tamas),* rot *(rajas)* und weiß *(sattwa)* dargestellt. *(Chândogya Upanishad,* 6. Prapâthaka, 3. Khanda, shruti 3.)

49 Wie diese Symbolik zeigt, ist das in Anm. 47 erwähnte Bild der Bogensehne treffend.

50 Auf diese Rolle des Prinzips in der Welt und in jedem Wesen bezieht sich der Ausdruck »der innere Ordner« *(antar-yâmi).* Er leitet alles von innen und thront selbst im innersten Punkt, im Zentrum. (Vgl. *L'Homme et son devenir selon le Vêdânta,* Kap. XIV.)

51 Diese Abhandlung hat Guénon nicht mehr geschrieben. (Anm. d. Übers.)

52 Vgl. *L'Homme et son devenir selon le Vêdânta,* Kap. IV. Für die folgenden Ausführungen vgl. auch Kap. V.

53 Viele moderne Kommentatoren verkennen den sinnbildlichen Gehalt der Schilderung des Allmenschen, wie sie Platon in seinem »Gastmahl« dem Aristophanes in den Mund legt.

54 Von allen Linien gleicher Länge umschließt der Kreis die größte Fläche, von allen Körpern gleicher Oberfläche umschließt die Kugel den größten Inhalt. Deshalb hält die

Mathematik diese Figuren für die vollkommensten. Leibniz ist von dieser Idee ausgegangen in seinem Begriff »der besten der Welten«. Er definiert diese als die Welt, welche von allen möglichen Welten am meisten Sein und Wirklichkeit umfaßt. Die Schlüsse, die er aus dieser Feststellung zieht, entbehren allerdings jeder metaphysischen Tragweite.

55 Diese leuchtende, endlose und nicht geschlossene Kugelform mit ihren beiden Phasen des Zusammenziehens und der Ausdehnung ist in der islamischen Esoterik die Form der *rûh muhammadiyah*. Gott befahl, wie bereits erwähnt, den Engeln, diese Form anzubeten; die Verwirklichung dieser Form entspricht einem Einweihungsgrad. Natürlich erscheinen nur vom Menschen aus gesehen die Phasen des Zusammenziehens und der Ausdehnung als »nacheinander«; in Wirklichkeit sind sie in der »ewigen Gegenwart« gleichzeitig.

56 Wir haben schon im dritten Kapitel auf die Symbolik des Wortes *hamsa* hingewiesen. In einigen tantrischen Texten symbolisiert das Wort *aha* die Vereinigung von Shiva und Shakti, dargestellt durch den ersten und letzten Buchstaben des Sanskritalphabets, wie in der hebräischen Silbe *eth* das *aleph* und das *thau* Essenz und Substanz eines Wesens darstellen.

57 Im arabischen Alphabet gilt der erste Buchstabe *alif* als männlich, der zweite *be* als weiblich; die Form des ersten ist senkrecht, die des zweiten waagerecht, zusammen bilden sie ein Kreuz. Ihr Zahlenwert ist 1 und 2. Auch nach Pythagoras ist die Monade männlich und die Dyade weiblich. Die Trigramme des Fu-hsi stellen *yang,* das männliche Prinzip, durch einen ungebrochenen und *yin,* das weibliche, durch einen unterbrochenen Strich dar; diese Striche entsprechen natürlich der Einheit beziehungsweise Zweiheit. Nach dem *I-ching* entsprechen die ungeraden Zahlen Yang und die geraden Yin. Unter den chinesischen Zahlen stellt das Kreuz die Zahl 10 dar. Die römische Ziffer X ist auch ein Kreuz, nur in anderer Stellung. Man kann darin eine Anspielung auf das Verhältnis der Dreiheit zur Vierheit erblicken: $1 + 2 + 3 + 4 = 10$, jenes Verhältnis, das auch die pythagoreische Tetraktys ausdrückt. Das Kreuz stellt unter den geometrischen Figuren die Vierheit dar, und zwar unter ihrem dynamischen Aspekt. Das Quadrat ist ihr statischer Aspekt. Das hermetische Problem der »Quadratur des Kreises« drückt das Verhältnis dieser beiden Aspekte zueinander aus, dreidimensional überhöht im Verhältnis

zwischen Kugel und Würfel. Wir haben im elften Kapitel von *Der König der Welt* im Zusammenhang mit dem himmlischen und irdischen Paradies auf diese Quadratur des Kreises hingewiesen. In der Zahl 10 entsprechen die 1 und die 0 dem männlichen beziehungsweise dem weiblichen Prinzip, dargestellt durch das Zentrum und den Umkreis. Dieser Umkreis liegt in der horizontalen Ebene und stellt dar, wie sich eine der konzentrischen Wellen in dem betreffenden Zustand ausdehnt. Der Kreis und der Mittelpunkt stellen die Zehnheit dar, gleichzeitig aber auch die Vollendung eines Kreislaufes oder mit andern Worten die volle Verwirklichung der Möglichkeiten einer Stufe des Seins.

58 Deshalb ist jeder Dualismus grundfalsch, sei er nun theologisch, wie man ihn den Manichäern zuschreibt, oder philosophisch wie der Dualismus von Descartes.

59 Die Alchimisten stellen die Quintessenz (quinta essentia) im Zentrum des Kreuzes durch einen Stern mit fünf Zacken oder eine Blume mit fünf Blättern dar. Es heißt auch, der Äther habe eine »fünffache Natur«, wenn man ihn an sich und als Prinzip der vier Elemente betrachtet.

60 Deshalb können wir die Bezeichnung »Äther« auf höheren Stufen analog anwenden, wie wir das im vierten Kapitel gezeigt haben.

61 Man erreicht diesen »Standort« oder Grad der Verwirklichung durch *el-fanâ*, die Auslöschung des Ich durch die Rückkehr zum »Urzustand«. Diese Auslöschung hat eine Analogie zum *nirvâna*, sogar im Hinblick auf die wörtliche Bedeutung. Über *el-fanâ* gibt es noch *fanâ el fanâi*, die »Auslöschung der Auslöschung«; sie entspricht dem *pari-nirvâna*. (Vgl. *L'Homme et son devenir selon le Vêdânta*, Kap. XIII.) Wie wir noch sehen werden, vereinigt sich beim Übergang vom ersten dieser Grade zum zweiten der Mittelpunkt eines Wesens mit dem Mittelpunkt des ganzen Wesens.

62 *Vgl. Der König der Welt*, Kap. I u. IV.

63 Der Konfuzianismus wendet die »unveränderliche Mitte« auf die soziale Ordnung an, ihre metaphysische Bedeutung lehrt der Taoismus.

64 Die Wurzel ist das Prinzip; dieses ist gleichzeitig Ursprung und letzte Bestimmung aller Wesen. Das Wort »Tao« heißt wörtlich »Weg« und wird als ein Ideogramm geschrieben, dessen Linien den Kopf mit den Füßen verbinden. Seine Bedeutung entspricht dem Alpha und Omega der westlichen Lehren.

65 Diese Lösung ist identisch mit *el-fanâ*. Auch die *Bhagavad-Gîtâ* lehrt den Gleichmut gegenüber den Früchten des Handelns. Durch diesen Gleichmut entgeht das Wesen den endlosen Folgen dieser Handlung. Der »Handlung ohne Wunsch« *(nishkâma karma)* steht die »Handlung mit Wunsch« *(sakâma karma)* gegenüber, das heißt die Handlung, die das Wesen im Hinblick auf ihre Früchte ausführt. – Statt von Zusammenziehung und Ausdehnung spricht Aristoteles von Erzeugung und Vergehen.

66 *Tao-te-ching* XI. Die einfachste Form des Rades ist der Kreis, der durch das Kreuz in vier gleiche Teile geteilt wird. Deneben findet man häufig Räder mit sechs und mit acht Speichen. Jede dieser Zahlen gibt der Bedeutung des Rades eine besondere Nuance. Die achteckige Form der acht Trigramme des Fu-hsi ist eines der Grundsymbole des Fernen Ostens; es entspricht in mancher Hinsicht dem Rad mit acht Speichen oder dem Lotus mit acht Blättern. Die alten amerikanischen Völker versinnbildlichten die Welt immer durch ein Rad, in das ein Kreuz eingezeichnet war.

67 Vgl. *L'Homme et son devenir selon le Vêdânta,* Kap. XIII und *Der König der Welt,* Kap. III. Es heißt: »Allah läßt den Frieden in das Herz des Gläubigen herabsinken« (Huwa elladhî anzala es-sakînata fî qulûbil-mûminîn). Die Kabbala lehrt dasselbe. Das Herabkommen des Friedens erfolgt in der senkrechten Achse; hier offenbart sich die »Tätigkeit des Himmels«. Auch Brahma, symbolisiert durch den Äther, hat seinen Sitz im Herzen als dem Lebenszentrum des Menschen. *(L'Homme et son devenir selon le Vêdânta,* Kap. III.)

68 Lie-tzu, IV. Man sieht hier den Abgrund, der die metaphysische Erkenntnis vom weltlichen Wissen trennt. Der Taoismus erwähnt häufig die Einfachheit als Ausdruck der Verwirklichung aller Möglichkeiten des Wesens und als Kennzeichen des Urzustandes. Auch in Indien gilt der geistige Zustand der »Kindheit« *(bâlya)* als Voraussetzung für die Erlangung der höchsten Erkenntnis. (Vgl. *L'Homme et son devenir selon le Vêdânta,* Kap. XXIII.) – Ähnliche Worte finden sich auch im Evangelium: »Wer nicht das Reich Gottes annimmt wie ein Kind, der wird nicht hineinkommen.« (Lukas 18,17.) »Ich preise dich, Vater und Herr des Himmels und der Erde, daß du solches den Weisen und Klugen verborgen hast und hast es den Unmündigen offenbart.« (Matthäus 11,25; Lukas 10,21.) Der Mittelpunkt, durch den die Verbindung mit den höheren, himmlischen

Zuständen eintritt, ist die »enge Pforte« des Evangeliums; die »Reichen«, die nicht durchkommen, sind die Wesen, welche noch an der Vielfalt haften und sich vom unterscheidenden Wissen nicht zur synthetischen Erkenntnis aufschwingen können. Die Armut als Loslösung von der Welt entspricht hier der »Kindlichkeit«. »Selig sind, die da geistlich arm sind, denn das Himmelreich ist ihr.« (Matthäus 5,3.) Diese Armut (arabisch *el-faqru)* spielt auch in der islamischen Esoterik eine große Rolle. Sie umfaßt die Hingabe des ganzen Wesens an das Prinzip, »außer dem es nichts, rein nichts gibt, was existiert«. (Mohyiddin ibn Arabi, *Risâlatul-Ahadiyah.)*

69 Dieser Weise ist Chakravarti, »der das Rad drehen macht« (Chuang-tzu, I). Vgl. hierzu auch *Der König der Welt,* Kap. II u. IX.

70 Dieser Gleichmut ist nicht derjenige der Stoiker, der rein »moralischer« Art war und Theorie blieb.

71 Die Zitate stammen aus Chuang-tzu, I u. V. – Im Kommentar (Cheng-i) zum *I-Ching* bedeutet Bestimmung den wirklichen Daseinsgrund der Dinge; der Mittelpunkt aller Bestimmungen ist somit das Prinzip, insofern alle Wesen ihren zureichenden Grund in ihm haben. Das Prinzip oder Zentrum liegt vor jeder Unterscheidung. Zuerst scheiden sich »Himmel« (Tien) und »Erde« (Ti); sie entsprechen Purusha und Prakriti. Derjenige, der in einem Körper wohnt, an dem ihm nichts liegt, ist der *jîvan mukta. (L'Homme et son devenir selon le Vêdânta,* Kap. XXIII.) Auch das Evangelium bekräftigt die Unabhängigkeit dessen, der losgelöst von den irdischen Dingen zur Erkenntnis der unveränderlichen Wahrheit gelangt ist. »Und werdet die Wahrheit erkennen und die Wahrheit wird euch frei machen.« (Johannes 8,32.) Es besteht auch ein Zusammenhang zu Lukas 12,31: »Doch trachtet nach dem Reiche Gottes, so wird euch das alles zufallen.« Wir erinnern an die enge Beziehung zwischen Gerechtigkeit, Gleichgewicht, Harmonie und Frieden. *(Der König der Welt,* Kap. I u. VI.)

72 Chuang-tzu, XIX u. XXII. Die »Verminderung auf beinahe Nichts« entspricht *el-fanâ.* Wie die Symbolik des Rades zeigt, ist die Bewegung eines Wesens um so geringer, je mehr es sich dem Zentrum nähert. Der letzte Satz bezieht sich auf den Urzustand, auf die Unsterblichkeit des Menschen vor dem »Fall«. Wer den Weg zum »Zentrum der Welt« zurückfindet, erlangt diese Unsterblichkeit wieder, indem er sich vom »Baum des Lebens« nährt.

73 Lie-tzu, II. Feuer und Wasser – nicht als Gegensatz, sondern als Ergänzung – sind in der körperlichen Welt ein Ausdruck des aktiven und passiven Prinzips; der Hermetismus hat diesen Gesichtspunkt im besonderen entwickelt.

74 Wir haben diese Sinnbildlichkeit eingehender in *Der König der Welt* behandelt. Die fernöstliche Lehre stellt das »Große Eine« *(T'ai-i)* als im Polarstern wohnend dar. Dieser Stern heißt *T'ien-chi,* wörtlich »First des Himmels«.

75 Die »Geradheit« *(Te)* ist bei Lao-tzu eine besondere Bezeichnung des Weges *(Tao)* im Verhältnis zu einem Wesen oder einer Stufe des Seins. Diese Bezeichnung erinnert an die gerade Linie und im besonderen an die Achse der Welt. *Te* ist die Richtung, die das Wesen einhalten muß, damit seine Existenz im Sinne des »Weges« liegt und mit dem Prinzip übereinstimmt. Der Weg des Wesens geht von hier nach oben, die »Tätigkeit des Himmels« kommt in der gleichen Richtung von oben. Wir verweisen in diesem Zusammenhang auf unsere Ausführungen über die rituelle Richtung, (z.B. die Gebetsrichtung) in *Der König der Welt,* Kap. VIII; wir werden auf sie zurückkommen.

76 Vgl. *Der König der Welt,* Kap. X, *Autorité spirituelle et pouvoir temporel,* Kap. III u. VIII. Krishna und Arjuna stellen das Selbst und das Ich dar oder die Persönlichkeit und die Individualität *(atmâ* und *jîvâtmâ).* Sie befinden sich auf demselben Kampfwagen; dieser ist das »Fahrzeug« des Wesens in der Welt. Während Arjuna kämpft, lenkt Krishna den Wagen, ohne zu kämpfen; er verstrickt sich selbst nicht in die Handlung. Entsprechende Symbole finden sich in vielen Texten der *Upanishaden*: Die »beiden Vögel«, die auf demselben Baume sitzen *(Mundaka Upanishad,* 3. Mundaka, 1. Khanda, shruti 1; *Shwêtâshwatara Upanishad,* 4. Adhyâya, shruti 6), ferner die beiden, die in die Höhle eingetreten sind *(Katha Upanishad,* 1. Adhyâya, 3. Vallî shruti 1); die »Höhle« ist das Herz, Ort der Vereinigung des Individuellen mit dem Universalen oder des Ichs mit dem Selbst. (Vgl. *L'Homme et son devenir selon le Vêdânta,* Kap. III.) – El-Hallâj sagt im gleichen Sinne: Wir sind zwei Geister ein- und demselben Körper verbunden (nahnu ruhâni halalnâ badana).

77 Gemäß einem *hadîth,* einer mündlichen Überlieferung des Propheten; von einem Kriegszug zurückgekehrt, sagte er: »Wir sind vom kleinen heiligen Krieg zum großen heiligen Krieg zurückgekehrt.«

78 Vgl. *Der König der Welt,* Kap. VI.

79 Über die verschiedenen Formen des »Baumes der Welt« vgl. *L'Homme et son devenir selon le Vêdânta,* Kap. VIII.

80 Vgl. *Der König der Welt,* Kap. II.

81 Vgl. *Der König der Welt,* Kap. V u. IX.

82 Vgl. *Der König der Welt,* Kap. III. Beim »Baum der Lebenden und Toten« der mittelalterlichen Symbolik stellen die Früchte der einen Seite die guten, die der andern die schlechten Taten dar. Diese Zweiheit erinnert an den Baum des Wissens; der Stamm dagegen ist Christus selbst und erinnert an den Baum des Lebens.

83 Adam und Eva bedecken sich mit Feigenblättern. An andern Stellen des Evangeliums spielt der Feigenbaum dieselbe Rolle. Auch die Hindu stellen den Baum der Welt als Feigenbaum dar.

84 Wir haben bereits oben auf den 15. Vers in Paulus erstem Brief an die Korinther über die beiden Adam verwiesen. Auf Grund der Legende, daß Adam auf Golgatha begraben liege, wird oft sein Kopf am Fuße des Kreuzes dargestellt.

85 Die ägyptischen Hieroglyphen kennen einerseits das gewöhnliche Kreuz mit der Bedeutung »Heil« und das Henkelkreuz *(ankh)* mit der Bedeutung »Leben«. Der Zusammenhang zwischen Leben und Heil ist offensichtlich. Das Henkelkreuz verwendeten die Christen der ersten Jahrhunderte oft.

86 Vgl. *Der König der Welt,* Kap. III.

87 Über den Zusammenhang der Symbolik des Baumes mit den Vögeln vgl. *L'Homme et son devenir selon le Vêdânta,* Kap. III. Wir haben dort Texte aus der *Upanishad* und das christliche Gleichnis vom Senfkorn angeführt. Die Skandinavier kennen die beiden Raben, Boten Odins; sie ruhen sich aus auf der Esche Ygdrasil, ebenfalls ein Sinnbild der Weltachse. Auch in der mittelalterlichen Symbolik finden wir Vögel auf dem Baum Peridexion. Dieser Name sollte eigentlich Paradision lauten. Sollte diese Entstellung daher kommen, daß man seinen Sinn nicht mehr verstanden hat? Anstelle von Bäumen trifft man auch Felsen, die in gleicher Weise miteinander verbunden sind. Zwischen Baum und Berg besteht eine enge Beziehung; beide sind Bilder der Weltachse.

88 Nach der Kabbala entsprechen die vier Buchstaben des Wortes PaRDeS den vier Flüssen. Die »Fedeli d'Amore« betrachten ihre gemeinsame Quelle am Fuße des Baumes als fons juventutis, Quelle der Jugend. Diese Wasser lassen sich mit dem »Trunk der Unsterblichkeit« *(amrita)* verglei-

chen. Nach der Kabbala geht vom Lebensbaum der »Tau des Lichtes« aus und bewirkt die Auferstehung der Toten. (Vgl. *Der König der Welt,* Kap. III, IV. u. VI.) Der Tau spielt auch im Hermetismus eine wichtige Rolle. Die fernöstlichen Lehren sprechen von dem »Baum mit dem süßen Tau« auf dem Berg Kouenlun. Dieser Berg entspricht dem indischen Meru. Beide Berge sind als Polarberge Sinnbild der Weltachse. Die Fedeli d'Amore betrachten die Quelle der vier Flüsse auch als »Brunnen der Lehre«. (Vgl. Luigi Valli, *Il Linguaggio segreto di Dante e dei »Fedeli d'Amore«.)* Im Zentrum der Welt erhält sich die Lehre. Wir finden hier die Verbindung von Urlehre und Urzustand wie in der Sinnbildlichkeit des heiligen Grals, wenn man ihn gleichzeitig als Becher und als Buch betrachtet. Rufen wir auch das christliche Lamm auf dem Buch mit sieben Siegeln in Erinnerung; vom Berg, auf dem es sich befindet, fließen vier Flüsse. *(Der König der Welt,* Kap. V u. IX.) Später werden wir den Zusammenhang zwischen dem Baum des Lebens und dem Buch des Lebens behandeln. Ein verwandter Symbolismus findet sich bei zentralamerikanischen Völkern: Auf den Schnittpunkt zweier rechtwinkliger Durchmesser eines Kreises setzen sie den heiligen Kaktus Peyote oder Hickory; er stellt den Becher der Unsterblichkeit im Zentrum einer Kugel und damit der Welt dar. (A. Rouhier, *La Plante qui fait les yeux emerveillés, Le peyotl,* Paris 1927, S. 154.) Auch zwischen den vier Opferschalen der Rhibus im *Veda* und den vier Flüssen besteht Verwandtschaft.

89 Die Früchte des Baumes des Lebens sind die goldenen Äpfel der Hesperiden. Das Goldene Vlies der Argonauten liegt – von einer Schlange oder einem Drachen bewacht – auch auf einem Baum und ist ebenfalls ein Bild der Unsterblichkeit, die der Mensch erringen muß.

90 Vgl. die Ausführungen hierzu in *Der König der Welt,* Kap. X.

91 Im litauischen Sprachgebiet zeichnen die Bauern dieses Zeichen als Talisman an ihre Häuser und nennen es Swastika. Es scheint überhaupt, daß das Litauische von allen europäischen Sprachen am meisten dem Sanskrit gleicht. Das Kreuz aus vier griechischen Gamma ist kein Swastika, sondern hieß *gammadia.* Eines dieser Zeichen heißt »Kreuz des Wortes« und ist aus vier Gamma mit nach innen gekehrten Winkeln gebildet. Im Innern dieser Figur steht ein Kreuz. Es stellt Christus dar, und die vier Gamma versinn-

bildlichen die vier Evangelisten. Dasselbe Zeichen findet sich auch mit nach außen gewendeten Winkeln; es hat dieselbe Bedeutung.

92 Vgl. *La Grande Triade,* Kap. VI.

93 Vgl. *Der König der Welt,* Kap. II.

94 In allen Fällen bezeichnet das Wort Swastika dieses Symbol. Um die beiden Darstellungen voneinander zu unterscheiden, hat man für die eine Form *sauvastika* gewählt; diese Form ist aber das von *swastika* abgeleitete Adjektiv und bezeichnet alles, was mit dem Swastika zusammenhängt. Das Wort *swastika* selbst leitet man ab von *su asti,* einer Segensformel; sie entspricht dem hebräischen *ki-tôb.* In der Genesis findet sich das *ki-tôb* am Ende jedes Schöpfungstages; es scheint anzuzeigen, daß jeder Schöpfungstag einer Drehung des Swastika oder einer Umdrehung des Weltenrades entspricht. Aus dieser Umdrehung entsteht die Folge von Abend und Morgen, wie sie die Genesis anführt. (Vgl. auch *La Grande Triade,* Kap. V.)

95 Vgl. *L'Homme et son devenir selon le Vêdânta,* Kap. II, XII u. XIII. – Zur subtilen Kundgebung muß man oft auch die individuellen Zustände rechnen, die nicht mehr zum menschlichen Zustande gehören.

96 Es sei daran erinnert, daß ein individueller Zustand ein Zustand ist, dem die Bedingung Form auferlegt ist.

97 Wir verwenden das Wort »Taten«, weil wir damit das universelle Gesetz ansprechen wollen, das von den Taten und den von diesen bewirkten Reaktionen oder Rückwirkungen handelt. Dieses Gesetz heißt im Hinduismus *apurva.*

98 Das unbestimmt Große, das unbestimmt Kleine, das Endlose, sie alle stammen vom Endlichen, sie sind die Frucht des Endlichen. Das Endlose, das unbestimmt Große oder Kleine, sie alle sind das Ergebnis der Entfaltung von Möglichkeiten, die alle im Endlichen vorhanden sind. Zu einer unbestimmt kleinen Größe sagt man heute »unendlich kleine Größe«; vor einigen Jahrzehnten sagte man dafür noch »beliebig kleine Größe« (frz.: une grandeur indéfiniment petite).

99 Man denke an die drei Seitenflächen eines Würfels, die in einer Ecke zusammenstoßen.

100 Wir sagen nicht unbeschränkt viele Punkte, sondern eine Menge von Punkten, die eine Mächtigkeit besitzt. Die Vielheit der Punkte einer Linie läßt sich nicht auf die Folge der ganzen Zahlen abbilden, die Folge der ganzen Zahlen reicht nicht aus, um die Punkte einer geschlossenen Linie

zu zählen. Der Ausdruck »Mächtigkeit« ist umfassender als der der zahlenmäßigen Vielheit. In der Scholastik gehörte die Mächtigkeit zu den Transzendentalien, also zu den universellen Modi des Seins. Die Mächtigkeit verhält sich zur numerischen Vielheit wie die metaphysische Einheit zur arithmetischen oder quantitativen Einheit. Reden wir von den vielen Zuständen des Seins, ist das »viel« im Sinne der Transzendentalien gemeint. Die Quantität ist eine Bedingung, der nur bestimmte Zustände des Seins unterworfen sind.

Der Umfang eines Kreises wird um so größer, je länger der Radius des Kreises ist. Deswegen sind aber auf der Kreislinie mit dem größeren Radius nicht mehr Punkte vorhanden als auf einer Kreislinie mit einem kleineren Radius. Alle konzentrischen Kreise haben gleichviele Radien, also auch gleichviele Punkte auf ihren Peripherien. Man kann eben nicht mehr von einer Anzahl von Punkten sprechen, sondern nur von der Mächtigkeit einer Menge von Punkten.

101 Dies zeigt, daß jede Wiederkehr eines Wesens in einen von ihm schon durchlaufenen Zustand unmöglich ist. Die »ewige Wiederkehr«, postuliert von Nietzsche, ist ein Irrtum.

102 Die Zahl 1 ist unabhängig von den Brüchen, sie wird von den gebrochenen Zahlen nicht berührt. Ein Bruch kann deshalb nicht Teil der Zahl 1 sein, denn sie ist unteilbar, ohne Teile. Teilbar ist nur ein mit einem Maß versehenes Kontinuum. Die Maßeinheiten sind relative Einheiten, sie sind im mathematischen Sinne stetige Größen, daher teilbar und aus Teilen wieder zusammensetzbar.

103 Oder »Er hat Seine Botschaft von Sich an Sich in Sich gesandt.« Diese Botschaft, »das Buch der Welt«, enthält als Buchstaben alle Geschöpfe. Die Wissenschaft der Buchstaben *(ilmûl-hûrûf)* ist die Kenntnis aller Dinge in ihrem Ursprung; in einem mittleren Sinn ist sie die Kosmogonie und im untersten Sinne die Kenntnis der Macht der Namen und Zahlen, insofern sie die Natur jedes Wesens ausdrükken. Diese Kenntnis ermöglicht unter Umständen eine magische Einwirkung auf einzelne Wesen.

104 Näheres hierzu in dem Buch *Le calcul infinitésimal* von R. Guénon. (Anm. d. Übers.)

105 Matgioi, *La Voie métaphysique,* S. 128. Die folgenden Zitate in Kapitel XXII stammen ebenfalls aus diesem Buch.

106 Wir rufen in Erinnerung, daß wir unter »Personalität« das ewige und jenseitige Prinzip des Wesens verstehen im Ge-

gensatz zur »Individualität«; diese ist nur eine vorübergehende und zufällige Kundgebung jenes Prinzips.

107 Auch die Zitate in diesem Kapitel stammen, wenn nicht anders vermerkt, aus *La Voie métaphysique* von Matgioi.

108 Vgl. *L'Homme et son devenir selon le Vêdânta,* Kap. VII; zur Sinnbildlichkeit des »Sonnenstrahles« *(sushuma)* Kap. XXI.

109 Vgl. Simon et Théophane, *Les Enseignements secrets de la Gnose,* S. 10.

110 Das Wort »Bewegung« ist natürlich nur analog aufzufassen, da der universale Zyklus weder Raum noch Zeit untersteht.

111 Vgl. Simon et Théophane, *Les Enseignements secrets de la Gnose,* S. 50.

112 Vgl. *L'Homme et son devenir selon le Vêdânta,* Kap. V u. XIII.

113 Vgl. *L'Homme et son devenir selon le Vêdânta,* Kap. III, *L'Esotérisme de Dante,* Kap. IV, *Der König der Welt,* Kap. IX.

114 Über den Zusammenhang zwischen diesen Blumen und dem Weltenrad vgl. *Der König der Welt,* Kap. II.

115 Demgegenüber stellt die Schlange, die sich in den Schwanz beißt *(ouroboros),* die Endlosigkeit eines einzelnen Kreislaufes dar.

116 Vgl. *Der König der Welt,* Kap. IX.

117 Die beiden Aspekte lassen sich auch aus dem Wort *Asura* selbst ableiten je nachdem, wie man es trennt: *asu-ra* »der das Leben gibt«; *a-sura* »nicht leuchtend«. Wendet man auf die Kreisläufe die Symbolik der zeitlichen Aufeinanderfolge an, so kommen die Asura vor den Dêva, so wie in der Genesis die Pflanzen (die unteren Zustände) vor den Gestirnen (den höheren Zuständen) entstehen.

118 Die Zahlenfolge $1/2, 2/3, 3/4, \ldots, n/n+1, \ldots$ strebt gegen die Zahl 1. Dieser Grenzwert 1 wird von den Zahlen der Folge nie erreicht, denn es ist $1 - n/n+1 = 1/n+1$.

119 Man kann diese drei Gruppen von Menschen auch als Auserwählte, Verworfene und Verirrte bezeichnen. Sie entsprechen den drei Guna *(sattwa, tamas, rajas).* Einige exoterische Kommentatoren verstehen unter den Verworfenen die Christen; diese Auslegung ist schon exoterisch fragwürdig und esoterisch nicht haltbar. Den Ausdruck »Auserwählter« *(el mustafâ)* wendet der Islam auf den Propheten und – esoterisch – auf den Allmenschen an.

120 Vgl. *L'Homme et son devenir selon le Vêdânta,* Kap. II.

121 Vgl. auch *L'Homme et son devenir selon le Vêdânta,* Kap. XVII u. XVIII.

122 Ähnlich versetzt sich Dante in die Mitte des »Großen Jahres«, um seine Reise durch die »Drei Welten« zu vollziehen, nur ist hier der Symbolismus nicht räumlich, sondern zeitlich.

123 Über diese beiden Stufen der Verwirklichung vgl. *L'Homme et son devenir selon le Vêdânta,* Kap. XVIII und *La Grande Triade,* Kap. XVIII.

124 Vgl. *Der König der Welt,* Kap. IV.

125 Aus der Sicht der Zahlensymbolik stellt das Salomonsiegel die Zahl 6 dar. 6 ist die verbindende Zahl und entspricht im Arabischen und im Hebräischen dem Buchstaben *vau.* 6 ist auch die Zahl der Vereinigung, der Meditation, aber auch der Schöpfung. Sie entspricht damit dem Wort (Logos), durch das alles entstanden ist (»per quem omnia facta sunt«). Der Stern mit fünf Zacken stellt den Mikrokosmos dar und den individuellen Menschen in seiner Bindung an die fünf Bedingungen seines Zustandes; diesen Bedingungen entsprechen die fünf Sinne und die fünf Elemente. Der sechszackige Stern dagegen versinnbildlicht den Allmenschen oder den Logos. – Im Fernen Osten entsprechen die Hexagramme des Wen-wang im *I-ching* zahlenmäßig dem Salomonsiegel. Das obere Trigramm versinnbildlicht den Himmel, das untere die Erde.

126 Vgl. *L'Homme et son devenir selon le Vêdânta,* Kap. XXV.

127 Ebd. Kap. XX, *Der König der Welt,* Kap. V.

128 Dieses und das folgende Zitat stammen wie das erste dieses Absatzes aus derselben taoistischen Schrift.

Weitere Bücher aus dem Aurum Verlag

René Guénon
DER KÖNIG DER WELT
Mit einem Vorwort von Leopold Ziegler.
Rev. Übers. aus dem Franz. von Ursula von Mangoldt.
160 S., kart. cell.
ISBN 3-591-08225-2

Ein großer Esoteriker über das Geheimnis der Gralsburg und die Inseln der Glückseligen. – René Guénon folgt in diesem wohl geheimnisvollsten seiner Werke dem talmudischen Sprichwort: Lieber die Thora zu offen verkünden, als sie verlieren. Und vor einem Verlust allerdings soll bewahrt werden, dem Verlust der »reinen Lehre« der großen und ewigen Ordnung der Welt, der sich in den einseitigen Aktionen von Wissenschaft, Aufklärung und Bildung ankündigt. Deshalb redet René Guénon als erster offen über ein Zentrum, in dem die Ur-Tradition noch heute lebendig und die höchste Autorität zugleich irdischer König wie Herr des Friedens und der Herrlichkeit ist.

René Guénon
STUFEN DES SEINS
Die Vielzahl der Welten
88 S., kart. cell.
ISBN 3-591-08193-0

Unsere Freiheit – das sind wir selbst. Nur wir trennen unsere Möglichkeit von unserer Wirklichkeit. Dieses grundlegende Werk erschien 1932. Es seziert metaphysisch das Beziehungsgefüge zwischen den Stufen des Daseins und den Zuständen des Wesens, konturiert damit den Raum individueller Entwicklung und bezeichnet die Möglichkeiten individuellen Bewußtseins. Das absolute Sein ist unteilbar, und deshalb ist es in jedem Wesen ganz gegenwärtig. Die Zustände der Wesen entsprechen den Stufen der Existenz; jeder Mikrokosmos entspricht dem Makrokosmos. Jedes Wesen enthält alle Möglichkeiten – vom tiefsten Geheimnis des Nicht-Seins bis zum sinnlich wahrnehmbaren Bereich des Daseins; es hat teil an der schrankenlosen Freiheit des Seins.

Weitere Bücher aus dem Aurum Verlag

William Stoddart
DAS SUFITUM
Geistige Lehre und mystischer Weg
Vorwort R. W. J. Austin.
Aus dem Englischen von W. F. Mautner.
112 S., 5 Farbtafeln u. 8 S/w Abbildungen, Bibliogr., Sach- u. Pers.-Reg. kart. cell.
ISBN 3-591-08108-6

Das Sufitum wird als das »Herz des Islams« bezeichnet: Es ist die mystische Wirklichkeit, die esoterische Seite, die lebendige, lebenspendende, höherführende Seite dieser Weltregion. Das Verständnis dieses kostbaren »orientalisch-mystischen Duftes« setzt tiefe Erfahrung und gründliche Erkenntnisse voraus. Nur wenige wissen darüber gerecht zu berichten: vom Sufitum, der tiefsten orientalischen Herz-Mystik.
Die Flut der popularisierenden Werke zur Religionswissenschaft hat so vieles aus dem Zusammenhang gerissen, verzerrt, irreführend dargestellt und verunstaltet.
William Stoddart, seit vielen Jahren dem Islam und dem Sufitum zugetan, meint in diesem Buch, daß es gefährlich sei, religionslose, aber nach Religion hungernde Leser mit »schmackhaft« zubereiteter Religionslektüre zu füttern. Es sei irreführend, über etwas Tiefes nur oberflächlich zu berichten. Deshalb diese ausgereifte Arbeit, die alle wesentlichen Aspekte des Sufitums gründlich durchleuchtet.
Es ist die Frucht vieler Erfahrungen auf diesem Gebiet, die den Autor den Kern der Lehre und der Praxis des Sufitums finden und darstellen läßt. Eine Darstellung, die durch Illustration und Zitat, Beschreibung und Intuition auf einzigartige Weise ein umfassendes Bild der Mystik, die in tiefste Gottes-Erkenntnis getaucht ist, entstehen läßt. Trotz detaillierter, minuziös-wissenschaftlicher Vorarbeit wird an keiner Stelle des Buches vergessen, daß Sufitum »Denken mit dem Herzen« bedeutet.

AURUM VERLAG · FREIBURG IM BREISGAU

Weitere Bücher aus dem Aurum Verlag

Frédéric Lionel
DIE HEILIGE ASTROLOGIE
Kosmische Architektur –
Einsicht in eine verborgene Welt
194 S., mit Anm. u. 15 S/w Abb., geb.
ISBN 3-591-08246-5

»WER DIE GESETZE DER RHYTHMEN KENNT, KANN DEN STOFF DURCH DEN GEIST REGIEREN.« *(Pythagoras)*

Seit jeher sammeln sich die Menschheitsfragen nach dem Woher und Wohin unseres Lebens am »bestirnten Himmel«, seit jeher sucht der Mensch in den Sternen nach Antwort und Gewißheit, und im Grunde tut er es um so mehr, je weiter die Wissenschaft die Grenzen des Erforschbaren hinausschiebt, in ein Universum, in dem wir uns allerdings wohl erst dann wirklich zurechtfinden, wenn wir gelernt haben, im Makro- und Mikrokosmos nur zwei Pole jener umfassenden Realität zu sehen, in der Vergängliches der Ewigkeit, Verifizierbares der Wahrheit begegnet. Was sich jedoch jetzt noch wie eine vermessene Grenzüberschreitung ausnimmt, war einst unbefragt und Astrologie als heilige Astrologie und Wissenschaft der Wissenschaften letzte Etappe priesterlicher Einweihung. Eine der ältesten Überlieferungen der Menschheit wird lebendig, wenn der Autor die Architektur des Kosmos beim Wort nimmt, um ihre geheime Botschaft funkeln zu machen wie die Sterne selbst.
Im Rahmen der heiligen Astrologie und ihrer Überlieferungen vermittelt der Autor nicht nur uralte Weisheit, sondern die Tatsache ihrer Übereinstimmung mit den Ergebnissen moderner Wissenschaft. Das Leben ist ohne Anfang und ohne Ende, wahrnehmbar ist es jedoch nur im ständigen Werden, in der zum Phänomen gehörenden Aufeinanderfolge von Impulsen. Jeder Fels ist gleichsam zu Stein gewordene Musik.

AURUM VERLAG · FREIBURG IM BREISGAU

Weitere Bücher aus dem Aurum Verlag

Herbert Kessler
BAUFORMEN DER ESOTERIK
264 S., Bibliogr., Sach- u. Pers.-Register, geb.
ISBN 3-591-08185-X

BAUFORMEN DER ESOTERIK erarbeitet Möglichkeiten der Grenzerfahrung auf erkenntnistheoretischem Wege. Das Bauprinzip der Polarität verpflichtet zur Läuterung bloßer Dualismen, das Bauprinzip der Verwandlung zur Verinnerlichung, das Bauprinzip der Ganzwerdung zum »Werde, der du bist«.
Und alle drei gelten exoterisch genauso. Wir sind nicht von Natur aus schizophren. Allenfalls ist es der Prozeß, in dem wir stehen. Die Prinzipien, denen er folgt, sind jedoch von Natur aus totalitär. Da das Weltgesetz im Kosmos wie im Menschen wirkt, ist eine Versenkung in die Welt wie in das eigene Ich gegeben. An diesem Angelpunkt ist Erkenntnis vermint und Selbst- und Welterkenntnis jede Chance gegeben.

Herbert Kessler
DAS OFFENBARE GEHEIMNIS
Das Symbol als Wegweiser in das Unerforschliche und als angewandte Urkraft für die Lebensgestaltung
320 S., 7 Abb., Symbol-, Sach u. Pers.-Reg.
ISBN 3-591-O8043-8

Dem Geheimnis, in das unser Menschsein eingebettet ist, können wir uns nur in Symbolen nähern.
DAS OFFENBARE GEHEIMNIS zeigt dem Leser die Möglichkeiten auf, die er durch den Umgang mit Symbolen gewinnt. Unter Heranziehung der Symbolkunde, Mythologie, Ritualistik, Religionswissenschaft, Psychologie, Tiefenpsychologie, der Sprach-, Literatur- und Kunstwissenschaft, der Soziologie, Ästhetik und Metaphysik breitet Kessler geradezu ein »Feuerwerk« wissenschaftlicher Annäherung an das Unerforschliche vor uns aus, das sich in Symbolen kundtut. Sein Werk stellt eine Allgemeine Theorie der wirkkräftigen Symbole dar, doch versteht es sich nicht als ein theoretisierendes Buch zur Symbolproblematik, sondern als ein in seiner Art einmaliges »Lebensbuch«.

AURUM VERLAG · FREIBURG IM BREISGAU

Weitere Bücher aus dem Aurum Verlag

Kurt Herberts
... DANN MAG DIE ERDE IN DER SONNE VERGLÜHEN
Welten-Geist und Menschen-Schicksal
Der soziale Gestaltwandel
Mit einem Vorwort von Lothar Bossle
2. erw. Aufl., Bibliogr., kart. cell.
ISBN 3-591-08197-3

Das Ziel einer vollmenschlichen Wirklichkeit, die in der sichtbaren wie in der unsichtbaren Welt zugleich verwurzelt ist, scheint gegenwärtig in Frage gestellt. Verunsicherung, Resignation und Verzweiflung beherrschen unser Leben. Bei verstärkter seelischer Aktivität des einzelnen und einer neuen Hinwendung zum Transzendenten besteht jedoch durchaus die Chance, das gegenwärtige existentielle Vakuum zu überwinden. In diesem Werk erfahren wir ganz konkret, in welchen Punkten ein Umdenken nötig ist, um unserem Leben wieder Sinn zu verleihen und die weitere geistige Evolution der Menschheit zu sichern.

E. Benz / S. Latour / H. Mislin / E. Stein
LEOPOLD ZIEGLER
Denker des erinnernden Urwissens
Deuter des Weltsinnes
Weg-Weiser in die Zukunft
Reihe: Sokratische Weisheit Bd. 2
ISBN 3-591-08162-0

Leopold Zieglers Werk versöhnt die Gegensätze dieser Welt weit hinter den Fronten ihrer Erscheinungsbilder. Geschichte beweist sich als ein Organisches. Ihr Rhythmus konkurriert mit der Unendlichkeit des Ablaufs: widersinnige Tendenzen im Einklang mit der Urbewegung des Lebens. Von dort aus ist es nicht nur möglich, zeitlose Dinge zeitlos zu spiegeln. Dort entsteht ein philosophischer Impuls, der sich Kultur im weitesten Sinn als Produkt menschlichen Werturteils anverwandelt und aneignet, in einer schmerzhaften Betroffenheit, die LEOPOLD ZIEGLER im Philosophen den eigentlich »Weltverwurzelten« erkennen läßt.

AURUM VERLAG · FREIBURG IM BREISGAU